中华爱国人物故事

ZHONGHUA AIGUO RENWU GUSHI

近代著名爱国实业家张謇

俊 宁 编著

吉林人民出版社

图书在版编目(CIP)数据

近代著名爱国实业家张謇 / 俊宁编著 . -- 长春:
吉林人民出版社, 2011.5
(中华爱国人物故事)
ISBN 978-7-206-07848-4

Ⅰ.①近… Ⅱ.①俊… Ⅲ.①张謇(1853～1926)-
生平事迹 Ⅳ.①K825.38

中国版本图书馆CIP数据核字(2011)第075733号

近代著名爱国实业家张謇

JINDAI ZHUMING AIGUO SHIYEJIA ZHANGJIAN

编　　著:俊　宁
责任编辑:王　斌　　　　　　封面设计:七　洱
吉林人民出版社出版 发行(长春市人民大街7548号　邮政编码:130022)
印　　刷:鸿鹄(唐山)印务有限公司
开　　本:670mm×950mm　　　　1/16
印　　张:8　　　　　　　　字　　数:70千字
标准书号:ISBN 978-7-206-07848-4
版　　次:2011年5月第1版　　印　　次:2023年6月第4次印刷
定　　价:35.00元

如发现印装质量问题,影响阅读,请与出版社联系调换。

总　序

胡维革

　　《中华爱国人物故事》是一套故事丛书。它汇集了我国历史上80位古圣先贤、民族英雄、志士仁人、革命领袖、先进模范人物的生动感人史迹，表现了作为中华民族优秀传统的伟大的爱国主义精神。

　　爱国主义是人们对于"生于斯、长于斯、衣食于斯"的祖国的一种神圣感情，是人们对于自己民族的一种强烈的责任感和使命感，是感召和激励整个中华民族的一面永不褪色的旗帜。在漫长的历史上，爱国主义一直激励着中华儿女为祖国的独立、统一、进步和繁荣而英勇奋斗。从伟大的思想家教育家孔子到统一全国的千古一帝秦始皇，从秉笔直书著《史记》的司马

迁到鞠躬尽瘁死而后已的诸葛亮，从伟大的浪漫主义诗人李白到精忠报国的民族英雄岳飞，从七下西洋传播友谊的郑和到抗击倭寇的民族英雄戚继光，从苟利国家生死以的林则徐到为变法流血的第一人谭嗣同，从威震敌胆的抗联将军杨靖宇到人民音乐家聂耳与冼星海，从踏遍青山人未老的李四光到万婴之母林巧稚，从县委书记的好榜样焦裕禄到情系雪域献身高原的孔繁森……都表现出了强烈的爱国主义精神。正是由于热爱祖国的人们前仆后继地奋斗，国家和民族才得以生存，历经一次次历史危急关头而能转危为安，走向兴盛和富强，从而屹立于世界民族之林。爱国主义是鼓舞中华儿女历经忧患、跨越沧桑、百折不挠、自强不息的伟大力量，它贯穿于中华民族的整个历史，并有力地凝聚着五洲四海的中国人。

　　爱国主义是一个历史的范畴,在社会发展的不同阶段、不同时期有着不同的具体内容。革命时期,需要我们为祖国的独立自主出生入死;建设时期,需要我们为祖国的繁荣富强增砖添瓦;在全国各族人民团结一心建设富强、民主、文明、和谐的社会主义现代化国家的今天,我们要争做一名新时期的爱国者。新时期的爱国者要有强烈的民族自尊心和自豪感。民族自尊心和自豪感是任何时期任何爱国者都必须具备的情感。民族自尊心能增强我们自立向上的恒心,民族自豪感能树立我们建设祖国的信心。要树立"祖国高于一切"的崇高信念,为了祖国和人民的利益不惜抛却个人的利益,甚至不惜牺牲个人的生命。要树立终身学习的理念,拓

宽自己的知识面，广泛吸收新知识新技术，完善自身的知识结构，更新学习知识的方法与理念，从思想上、知识上充分武装自己，为祖国的繁荣昌盛贡献力量。

爱国主义思想的继承和发扬，是关系到民族盛衰、国家兴亡的根本问题。一代代人爱国主义思想情操的形成，需要不断地培养。培养爱国主义的一个重要途径是向爱国主义的英雄人物和典范事迹学习。这套丛书的出版，对于人们向英雄和先进人物学习，特别是对于在中小学生中进行爱国主义教育，将可提供一些生动的教材。祝愿此书出版发行成功，为培养"四有"新人做出贡献。

于 2011 年 4 月 23 日

世界读书日

编 委 会

策 划: 胡维革 吴铁光

林 巍 李达豪

主 编: 胡维革 邢万生

副主编: 贾淑文 吴兰萍

编 委:（按姓氏笔画为序）

于二辉 门雄甲

刘士琳 刘文辉

孙建军 李相梅

李艳萍 杨九屹

谷艳秋 陈亚南

隋 军 韩志国

目录
CONTENTS

目 录。
CONTENTS

张謇生平

张謇（1853—1926），字季直，号啬庵。中国近代实业家、教育家，立宪派首脑人物。

1853年7月1日（清咸丰三年五月二十五）生。江苏南通人。从小读书勤奋，16岁中秀才。1876年入庆军统领吴长庆军幕。1885年顺天府乡试中举。1894年中状元，授翰林院修撰。时值中日甲午战争战败，张謇鉴于当时政治革新无望，决心投身兴办实业和教育。1896年，张謇在南通筹办大生纱厂，经克服诸多困难，始于1899年建成。其后陆续创办的重要企业有：大生第二、第三、第八纱厂和广生榨油公司、复兴面粉公司、资生铁冶公司、大达轮船公司，以及通海大有晋、大豫、大赉、大丰、华成等盐垦公司，并创设淮海实业银行，以为事业发展之助，形成了以张謇为首的大生资本集团，其鼎盛时期的总资本约为三四千万元。

　　张謇在经营实业的同时，重视发展文化教育事业，以经营实业所获盈余之一部和劝募所得，在本地先后创办了通州师范学校、通州女子师范学校和十余所职业学校以及图书馆、剧场、医院等；其中纺织学校、农业学校和医学学校成绩最好，后来三校扩充为专科，1920年又合并为南通大学。在外地，由张謇倡议或资助而设立的学校有：吴淞商船学校、水产专门学校、中国公学、复旦学院、南京高等师范等。张謇因创办实业、教育卓著成效而名噪东南，清末江苏学务处成立，张謇被推为议长，并任中央教育会会长，清政府曾给以三品衔聘为商部头等顾问官。

　　在清末的立宪运动中，张謇居于重要地位。1906年9月，与江、浙、闽立宪人士组织预备立宪公会任副会长。1909年江苏谘议局成立，任议长，他发动各省谘议局代表进京联合请愿，要求召开国会。1911年，清政府成立皇族内阁，使张謇大失所望。辛亥革命后，南京临时政府成立，张謇被任为实业总长，但未就职。张謇支持袁世凯

张謇照片

出任民国临时大总统，篡夺政府大权。1913年出任北洋政府农林、工商总长兼全国水利局总裁。次年农林、工商两部合并为农商部，仍任总长。1915年，因不满袁世凯公然恢复帝制，辞职南归。返乡后继续从事实业、教育和地方自治事业，均获得可观的进展。由于北洋军阀连年混战、外商对华倾销，加之沿海盐垦连年遭灾、花贵纱贱，使张謇所经营的大生资本集团各企业负债累累，陷于十分困难的境地。他曾一再呼吁取消不平等条约，要求国际税法平等，停止内战，实现国内和平，但都无法实现。1923年被迫将大生一厂向银行押款还债。1925年7月大生各厂及欠大生款项的各公司被债权人上海、金城等银行接管。1926年8月24日，张謇因病在南通逝世。著有《张季子九录》《柳西草堂日记》和《啬翁自订年谱》等。

张謇塑像

乡村童年

　　1853年7月1日，一个婴孩在偏僻的长江口北岸江苏海门常乐镇呱呱坠地，他就是本书的主人公——张謇。张謇出生的时候，正是太平天国起义军攻占南京后不久，虽说这时正是乱世，但是因为他的故乡所处的苏北南通地区，是一个偏僻的半岛，地非冲要，不具有战略价值，所以此时苏、浙、皖虽是战火连天，他的家乡却是熊熊战火中的净土。

　　张謇的家庭，世代务农，他的祖上比较富有，但到他的祖父张朝彦的时候，因为他不大喜欢农业生产，又嗜好赌博，竟然将一个富裕殷实的家弄得渐渐地败尽，穷困潦倒的张朝彦只好做了通州金沙瓷器商吴圣揆的女婿。到了张謇的父亲张彭年，靠着父亲是上门的女婿，他继承了吴家的几十亩土地，自耕自收，农忙的时候，张家也要雇一两名雇工，才能忙得过来，张彭年先后娶

妻两房，共生了五个儿子。张謇排行老四，小名长泰，因为祖父入赘吴家，所以他上私塾的时候，取名吴起元，到他的弟弟张警出生后，才恢复了本姓。

　　张謇小的时候非常聪明，他的父亲对他钟爱有加，3岁的时候就教他读《千字文》，4岁就送他到海门邱大璋学塾学习，在这里，张謇学习了《三字经》《百家姓》《神童诗》以及《孝经》《论语》《孟子》等传统幼儿读物，10岁的时候学习对对子，有一天，老师对了一个上联"月沉江底"，张謇很快就对了一个"日悬天上"的下联，老师听了非常惊奇，连说孺子可教。父亲张彭年看到儿子学问长进很快，对他未来走上"学而优则仕"的道路充满了信心，他看到了学塾的老师只让学生死记硬背，有时候连平仄韵脚都搞混了，就决定为儿子重新找

张謇故居

更好的老师。虽然他家境并不丰裕，但是他还是以重礼请了通州西亭镇的宋郊祁到家里来教儿子。宋郊祁是一个50多岁的老童生，一生以科举考试取中为目的，虽然屡试不中，但是在学问上毕竟自有长处。他到了张家后，检查张謇作业，发现音训句读错误百出，就另起炉灶，重新让他学习了《大学》《中庸》《论语》《孟子》等书，在平常的教学中，他认真教张謇音韵、训诂，张謇进步非常快。12岁那年，他写出了一首表达自己远大志向的诗《盆松》：

山泽孤生种，谁将到此盆？青苍一撮土，蟠郁百年恨。宿黛含霜气，创鳞见斧痕。等闲怜托处，梁栋与谁论！

他把自己比作崇山深涧的苍松，而不是那供人观赏的盆景，因为只有山野的苍松才能成为支撑大厦的栋梁。

1866年，张謇已经13岁。一天，宋老师出对：人骑白马门前去。张謇回答道：我踏金鳌海上来。

那时候，读书人参加科举考试，考中了状元，人称"独占鳌头"。宋老师看到张謇对出这样大吉大利的对子，高兴地告诉张謇的父亲，他的儿子已经有了金榜题名的佳兆，张謇的父亲看到儿子学习精进如此，对先生感激

不尽，于是特加重礼拜谢。

这年的6月，海门余东的老百姓拒缴税款，地方政府出兵镇压，老百姓惊惶四逃，宋效祁惦记着家里，就向张家提出回家不再当老师，张家却没有立即答应下来，谁知宋效祁却病故了。为了儿子的学业，张彭年把儿子带到了西亭，让他跟着宋效祁的儿子宋琳学习，宋琳比他父亲强了许多，早已科考中举。但是他仗着自己是举人，经常瞧不起人，对学生经常爱理不理，有时严厉、苛刻得让人无法接受，甚至于有时借一个小小的由头嘲笑学生。张謇在宋琳这里求学，遇到不懂的地方，经常得不到指教，但是他凭着勤奋和努力，学业还是长进不少。

1868年，已经15岁的张謇准备开始他一生的首次科举考试。

张謇故居

大魁天下——漫漫状元路

张謇的父母都是平民百姓，在传统的中国社会里，要想改换门庭，摆脱受压迫遭歧视的地位，只有指望儿子通过读书走仕途之路。

张謇从15岁开始参加科举考试，县、州两试一举通过，但是州试的成绩欠佳，只是勉强录取。他的老师宋琳非常气愤地对他说："如果有一千人应试，录取九百九十九，要把唯一那个不取的人看成自己！"张謇倍受震动，当即书写"九百九十九"字幅挂于卧房之中，以时刻激励自己。他睡觉时在枕头边上系着两根短竹，夹住自己的辫子，一翻身牵动辫子，惊醒过来，

张謇与老师

师生像

立即起来读书。夏天蚊子多的时候，张謇就在书桌底下摆两个坛子，把脚放进坛子里，全身心地投入到读书写字中。经过一番"卧薪尝胆"的努力，张謇不仅中了举人，而且学业日进、见识日增，在世人口中，获取了"江南才子"的美称。

虽然张謇顺利地中了举人，但是之后的科举之路却走得十分艰难，用"长途跋涉"恐不为过。从小考到大魁，张謇奋斗了整整27年，真正体味了科举考试是统治者设置的象牙之塔，越往上越难通过的滋味。

张謇中状元时，已经41岁了，为什么偏偏这年高中了呢？原来，张謇虽在仕途中遭受多次挫折，但他的才、学、识在各种各样的考试中得到了充分的表现，加之早年在吴长庆军中从事军事外交活动崭露头角，声誉噪于中外，成为当代名士。所以，张謇自随吴长庆在朝鲜平定"壬戌之变"回国后，"清流"领袖潘祖荫、翁同龢等，也就是当时朝中的帝党，就有了提携之意。从1886年起，南派清流利用他们手中掌握的主考录取权利，曾经多次暗中识别张謇的考卷，希望他高中，但是，天不遂人愿。结果，第一次误将无锡孙叔和的卷子当作张謇的卷子，第二次又把陶世凤的卷子误以为是张謇的卷子，第三次又将武进刘可毅的试卷误认为张謇的。由此可见

张謇故居

张氏宗谱

"清流"提携张謇的心情之迫切，但我们也可以看出清朝科举黑暗、腐败的一面。

光绪二十年（1894年）慈禧太后60大寿，特设"恩科"会试。

此时的张謇已经无心应考。他在1885年高中"南元"（南元就是南人列北榜名次最先者，这是十分罕见的，因为从顺治年间开科到光绪十一年，200余年间南方士子取中"北榜"第二名的很少，仅有3人，因其稀罕，声誉较高，虽非"会元"，却被尊称为"南元"）后，连续几次败北的打击，使他决定不再应试，把试具都毁了。但是，他的父亲——76岁的张彭年苦苦恳求儿子再试一次。张謇不便违拗父命，只好勉强答应，但启程较迟，3月29日才抵京，入场时间已到，遂向友人借了一些考试的用具，匆匆忙忙的进入考场。发榜之前，他也不抱任何希望，连是否被录取的消息都懒得打听。然而，出乎张謇意料的是，在礼部会试中，他竟获中第六十名贡士。在接下来4月份的礼部复试中，张謇又被录取为一等第十名，取得了参加殿试的资格。4月23日，殿试如期举行，翁同龢为防止再错认卷子，误录门生，命收卷官坐在那里等张謇交卷，然后直接送到自己手里，匆匆评阅后，得出"文气沈老，字亦雅，非常手也"的结论，竭力加以拔擢。翁同龢还做了其他阅卷大臣的工作，把张謇的卷子定为第一。在向光绪帝引见时，翁同龢特地介绍说："张謇，江南名士，且孝子也。"张謇中头名状元，照清廷惯例，授为翰林院修撰。这样，张謇经过长达27年的艰难奋斗，终于走完了漫长的科举之路，成为令人羡慕的状元郎。

张謇塑像

与一般举子在高中状元之前完全闭门读书不同，张謇非常重视通过社会实践增加自己的阅历和知识。早在21岁那年，他就去担当江宁发审局委员孙云锦的文书，后来又到浦口淮军统领提督吴长庆幕中任职。1882年6月至1884年5月间，又随庆军开

赴朝鲜。在这些军幕生活中，有许多具体的军务杂事要他处理，琐碎繁忙。1884年，庆军将要撤离朝鲜回国。张謇因在处理善后问题中才能杰出而受到各方面的重视，朝鲜欲以"宾师"的待遇聘他留下，北洋大臣李鸿章和张树声、吴长庆三人也联合上书推荐他在清廷中任事。但张謇觉得功名要靠自己谋求，所以不论是朝鲜还是清廷的美意他都坚辞不受，决计靠自己的努力博取前途。这一年的7月，张树声在粤督任内，又一次延请张謇前去任事，他仍然婉言谢绝了，故有"南不拜张北不投李"之说。自立、自强是张謇的良好品德，也是他能创大业、成大器的动力和源泉。

张謇纪念馆

游幕江宁

　　1874年，张謇刚满21岁的时候，知州孙云锦调往江宁（南京）发审局任职，他同情张謇的处境，也欣赏张謇的才华，就邀请张謇为他作幕（私人秘书）同往江宁，月薪白银十两。困境中的张謇立即同意。当时的江宁，有几个海内知名的学者主持的大书院。1874年，张謇到江宁不久，就兴冲冲地慕名投考有名的钟山书院，授课教师韩叔起见投考的是通州秀才，就把他的考卷扔在一边。张謇投书韩先生，直接诘问考卷的问题。韩叔起无法回答，自不理睬。张謇于是化名再考，考卷受到了钟

山书院的院长李小湖先生的赞赏，取为第一，他又以他
人的名籍在惜阴书院参加五经古课考试，院长薛慰农先
生也把他取为第一，两个院长指名要见张謇。不久许多
人都知道了张謇投书韩叔起的事情，惜阴书院的薛慰农
还责备韩叔起见贤不举，压制人才。张謇觉得自己出了
一口闷气，就把此事告诉了自己的上司孙云锦先生，孙
云锦把张謇给韩叔起信的草稿要来看了以后，责备他说：
"你真是阅历太浅，少年人气盛，遇事要沉得住气，不要
意气用事。"张謇也觉得自己有些过分，就由孙云锦代自
己向韩先生道歉。同年5月，张謇再次投考钟山书院，
考取第一名，他登门向韩叔起先生致谢，韩叔起以"耐

张謇故居

烦读书，耐烦苦处"来劝诫他。张謇对自己的"鲁莽"行为做了诚恳的检讨后，江宁的文化圈终于接纳了这个来自通州的白衣秀才。张謇进入江宁的文化圈后，以强烈的求知欲，向江宁名师学习"治经、读书、为诗文之法"。张謇受教最多的是桐城派大师张廉卿，在张先生的指导下，张謇的学术思想和治学方法发生了一次大的飞跃，摆脱了一般制艺、八股文章的僵化格局，领悟了桐城派将义理、辞章、考据融为一体的治学方法。他觉得自己的心胸顿时豁然开朗。

同年6月，张謇随孙云锦到淮安查勘渔滨河积压讼案，他看到现实的农村生活与他在江宁听到的截然不同。虽然他也出生于农家，但淮扬地区农村的极端贫困，农民衣不蔽体、食不果腹的饥寒生活，让他触目惊心，强烈的刺激，使他诗兴大发，这期间他写下了十余首现实主义的诗文，其中有：

谁云江南好，但觉农妇苦，头蓬胫赤足籍苴，少者露臂长者乳，乱后田荒莽且庞，瘠人腴田田有主。

他还写道：

建炎时事重江淮，故垒萧萧说将才；欲问中兴宣抚使，悉云无际海潮来。

他渴望有南宋名将刘光世、韩世忠经略江淮的功业，为国家建功立业。

1875年1月，张謇告假回乡探亲，虽还谈不上衣锦荣归，但也称得上是否极泰来。张彭年接到儿子捧上的100两俸银，喜出望外，将白银供奉在祖宗神位前，顶礼膜拜说："咱们这里那些名望很高的老师，收许多学生，一年下来，也不过是这个样子，你竟能一出门就得到这么多！"这时元旦之期已近，张彭年为儿子迎娶了海门徐氏，徐家原也是当

张謇书画

地的有钱人家，只是家道中落了，但徐氏却是俭朴贤淑，夫妻两个恩爱有加，张謇曾作诗表达他们两个人的生活：

张謇书法

……我家有新妇，归及岁再阳。一室颇无问，顾顾如我长，欢喜治酒食，奉之上高堂。长跪颂大人："百岁恒安康"。大人向六十，鬈发玄且苍："期几得一第，期儿生男祥。一第差救贫，生男慰榆桑"。新妇祈吉语，钗帕迎"三娘"。卜云："具如愿"，大人进一觞。

正当张謇安享新婚的欢乐时，传来了当朝皇帝同治驾崩的消息，很快新皇帝登基，改元光绪，因为新皇帝年幼，由慈禧皇太后垂帘听政。3月，张謇回到了江宁发审局，由于同事之间的关系紧张，彼此摩擦渐多。7月张謇离开了发审局，借住惜阴书院，悉心读书。9月应恩科乡试，次年5月，应科式考，四场均为第一名，他被取为补廪膳生，这使他有了参加乡试的资格。但是辞去了发审局的工作，使他有一种浮萍无根的感觉。

弃官从商

李鸿章代表政府和日本签订了《马关条约》，张謇感到这个条约对中国社会将造成严重的危害，允许日人于内地开机设厂、制造土货，设立行栈，"外洋之工巧于华人，外洋之商本厚于我国"，"今通商新约一旦尽撤藩篱，喧宾夺主，西洋各国，援例尽沾"，其后患必然是"以我剥肤之痛，益彼富强之资。逐渐吞噬，计日可待"。

1895年，张謇应湖广总督张之洞之邀写了《代鄂都条陈立国自强疏》，深刻阐述了发展工业、富民强国的设想。这年夏天，张之洞调任两江总督，张謇向他提出了实业救国的想法，张之洞非常赞赏。

同年，张之洞委派张謇创办通州实业公司，"总理通海一带商务"，张謇决定根据通海一带"亚洲产棉胜处"的地理条件，兴办纱厂，并命名为"大生"，意为"天地之大德曰生"。但是创办纱厂并不是一帆风顺，张謇遇到的艰难曲折实非他所预料。1895年冬天，张謇开始集资办厂，将大生纱厂定为商办。可是从1895年到1896年，虽然官府出面劝导和董事奔走游说，但那些拥有良田数万亩的大地主都以"来年入股"相推脱，即使勉强入股也不肯多出，最少的只有37两，张謇对此十分感叹"通州风气未开，见闻固陋"。没有办法，他只好求助于上海，数月沪通往返，他最后确定了六位董事：海门沈敬夫陈楚榆、通州刘一山、福建郭勋、浙江樊树勋、广东潘华茂。彼此商定沪董三人负责在沪筹集40万两，通董三人在通筹集20万两，共计60万两，张謇还邀请他们来通州考察，大家看到通州离通扬运河和长江港口很近，

大生纱厂

交通很方便，几个人都赞叹这里是办厂的风水宝地。

1896年秋冬，纺织行业却突然出现了塌市，许多外国的纺织品积压上海，洋商都降价销售，这对中国的纱厂造成了很大的冲击，许多纱厂都倒闭了。潘、郭等沪董事望而生畏，由原来认集40万两缩至25万两，不久又缩至16万两，但是拖了两三年，张謇也没有见到分文。通州的集资也十分缓慢，张謇为此"彻夜不寐，绕屋而走"。没有办法，张謇只好求助于张之洞和刘坤一等地方大员。很快张、刘两人就答应支持张謇。其实张之洞和刘坤一支持张謇有他们的想法。张之洞早在1893年就准备在武汉办纱厂，向英国购买了四万八百枚纱锭，但是纱锭到了上海，张之洞却因为资金短缺，办厂之事不了了之，他不愿任由那些纱锭放在杨浦码头风吹雨淋，一直想找人领办，但是没有人来承领。现在张謇要求政府支持办厂，张之洞正好把这批纱锭作价给他。1896年11月，由江督刘坤一指使，江宁布政使兼商务委员桂嵩庆与张謇签约，把这批原价70万两的纱锭，作价50万两，作为官本入股，这样张謇共筹集资本近60万两，他以为自己有了60万两，沪董一定会集出40万两，但是沪董听说官商合办，立即全部退出。他再次求助于桂嵩庆和上海的通商督办盛宣怀，桂、盛两人答应为他另筹流动资本。张謇接到消息，非常高兴，他说："此真挽救之一大关键也。"

1897年12月，大生纱厂破土动工，开始基建，运输、材料费用开支很大，张謇盼着桂、盛两人的支持，但两人却根本不兑现说过的话。没有办法，张謇只好去上海集资，来往的路费，都是他卖画的所得。

经过一年的奋斗，1898年末，大生纱厂已经初具规模，但是等到装机，张謇才发现官股的四万钞锭机件因为长期风吹雨淋十分之三四都已经锈烂了，向江督要钱进行购补，但只是答应支持而无钱可支，商本又短缺，但是张謇还是想办法购买配件修补完备，并且开始着手收购棉花，但是经费成为张謇心头的一块石头。

张謇万般无奈之下，向两江总督刘坤一辞职，同时表示如果纱厂走投无路，他将要把此厂转让给日本人，刘坤一最后根据张謇的提示，要求通州地方政府调拨8

大生纱厂

万两给张謇，但是通州知州汪树棠却故意刁难张謇，他把原本给秀才和举人参加的乡试的津贴费拨给张謇，引发了当地三百多名秀才联名递文指责张謇，弄得张謇十分被动。汪树棠还以张謇集资为由，动用差役，明火执仗向民间逼索，引起老百姓对张謇的不满。一时间民怨鼎沸，谣言四起，张謇连忙求汪树棠不要再集资了。拨借公款遂成泡影。为了保住纱厂，张謇不惜挖肉补疮，把已经购进的价值 8 万两棉花运到上海变卖，但是所得很快就用尽了。机厂开工后，资金更是紧张，张謇请求刘坤一另派人接办，但刘坤一没有答应。张謇没有办法，只好招租，他与上海商界巨子严信厚等人合谈，但是沪商提出的条件他实在无法接受。在上海二个月，张謇百计俱穷，由于忧急，他的嘴上起了血泡，弄到最后，他

张謇

连旅费都成了问题，只好靠卖字筹措。这时候，他的得力助手沈敬夫写信告诉他，"尽花纺纱，卖纱收花，更续自转，至不能有花纺纱，则停车闭厂，以还股东"。这时，已是 1899 年 5 月，江南正是

闷热的梅雨天气。谁知这时市场上纱价已经开始上扬，张謇的纺纱售卖计划竟然获得了意外的成功。当年竟然获纯利3.8万余两，第二年更获11.8万余两。纱厂的收益已经可以保证纱厂的正常营运。

张謇满怀喜悦前往江宁拜见两江总督刘坤一，张謇高兴地告诉刘坤一："纱好地也，气转天也，人无与焉。"刘坤一称赞这都是他的功劳。张謇推脱说："办事皆董事及各执事，謇无功。"刘坤一说："不居功，苦是要吃的。"张謇说："苦是要吃的，亦无所怨。"但是张謇真是无怨吗？他在纱厂正常营运后，授意别人画了四幅画：《鹤芝变相》（"鹤"指潘鹤琴，"芝"与郭茂之的"之"谐音）、《桂杏空心》（"桂"者桂嵩庆，"杏"者盛宣怀字杏孙）、《水草藏毒》（"水"影射汪树棠，"草"暗示黄阶平）、《幼小垂诞》（"幼"指沪商朱幼鸿，"小"者严信厚字小舫），并让人把画挂在纱厂办事厅内，以此让自己和全厂同仁时常回想办厂的艰难，激励鞭策大家。

1903年，大生纱厂的纱锭和资金已经比开办之初分别增加了100%和238.7%。1907年，大生纱厂开办第二纱厂，该厂投资83万余两，大生纱厂步入了它的辉煌时期。

张謇经营实业的故事

张謇回到了南通，靠着卖纱买棉的办法，苦苦撑持着厂里的生产。好在近几个月里，棉纱的行情看好，售价连涨了几次。纱厂的资金不断扩展，不但保证了工厂的正常生产，而且还略有结余了。大生纱厂终于度过了这一次资金危机。

这一年，由于纱价大涨，大生纱厂获利达到20多万两白银。

张謇脸上的愁容终于烟消云散。

这一天，张謇带着纱厂出产的棉纱，到南京去看望两江总督刘坤一。棉纱用红绸布扎着，一共是两束。张謇笑着说："这是我们大生纱厂自己生产的棉纱，送给总督做个纪念。"

刘坤一接过棉纱，连声称赞道："好，好，我收下！过去人们称这种棉纱叫洋纱，织出布来叫洋布，现在我们自己也能生产了。这可全靠你的苦争苦斗啊，我要给你记上一大功！"

张謇说："苦是苦一点，但这是我自讨苦吃，怨不得别人。再说为了国计民生，虽说吃一点苦，我心里也痛快啊！"

有一句话张謇没有说，那就是为筹措购买棉花的资金，他的妻子连首饰都卖掉了；而办厂这五六年来，他的家人从来没有在厂里支用过一文小钱！

困难和挫折锻炼着张謇的意志，也激励着他向更加宏伟的目标前进。他想，纱厂纺纱缺不了棉花，棉花需

大生纱厂

要花钱收购，而随着棉纱的畅销，棉花的价格也在天天上涨，更何况日本的厂家也到这一带来收购棉花……如果我们能有自己的棉田，不就可以不受棉花市场的牵制了吗？

想到这里，张謇毅然决定，建立一个垦牧公司，把沿海的荒滩改造成棉田，自己种棉花自己用！

他与几位老朋友商量后，再次来到南京，拜访两江总督刘坤一，要求将沿海荒弃的滩涂划给他们办个农牧垦殖场，使工商农牧形成一个系统。刘坤一当即表示支持，让张謇以他的名义写一份奏章给朝廷。这份奏章很快得到朝廷的批复，1900年9月，通海垦牧公司正式开始筹备。

第二年3月，垦牧公司的章程经过七易其稿终于确定下来。这时，大生纱厂的事务也很紧，张謇只好把垦牧公司的开办事务交给他的学生江导岷。一些本来无地和少田的农民，听说张状元开办垦牧公司，管吃管住，还给工钱，大家奔走相告，纷纷前来报名，加上张謇到上海招募来的失业游民，一下子就有了二三千人。他们先在海滩上筑堤垒坝，防止海水浸漫上地。一个多月下来，海滩上竟出现了一道石砌的长城！经过一秋一冬的劳作，1902年春天，垦区各处都长出了嫩绿的青草。个别碱性大的地段，工人们便开渠引水冲洗，改造土质。

夏天到了，牧草、芦苇渐渐长大，工人们又弄来一些牛羊放牧喂养。秋天来了，芦花开了，牧草黄了，牛羊居然长得又肥又大……

正当人们为成功而欢欣的时候，意外的灾难袭来了。

一天夜里，海上突然起了大风暴。狂涛巨浪冲上海滩，石头砌的堤坝垮了，芦苇和牧草被淹没了，小牛小羊被卷走了。一年的辛苦劳作，转眼间化成了泡影！

张謇从垦牧公司工务处里冲出来，迎着狂风巨浪向海堤奔去，一边大喊："工友们哪，快到海堤上去啊！"

工人们见年已半百的张状元竟然不顾一切地冲向海堤，开始简直以为他是发疯了，但很快，他们都被张謇的精神感动了，也纷纷跟上了海堤。

"修补堤坝，不能让潮水上岸！"张謇一边发号施令，一边带头挺身而出跳到海水里去搬石头。但是张謇毕竟是一个文弱书生，一浪打来，就把他打得跌倒在地。工友们连忙来扶他，张謇直摇手，说："快去搬石头！"工友们只得赶紧去搬石垒坝，张謇也艰难地在海水中抱着石头一步步往前挪。

终于，这一段缺口补了，张謇才离开这里，又向前去查看别处的险情。

经过几年的开垦和建设，通海垦牧公司已经初具规模。当年的荒滩，如今有9万多亩变成了良田，年产棉花多达四五万担。他们以堤划区，各堤之间都建有居室和厅堂。储物有仓库，吃菜有园圃，佃工有成排的宿舍。

大生码头

买东西也很方便，离宿舍不远就是市场。出门有路有桥，交通十分便利。特别是每年收获的那堆积如山的棉花，使大生纱厂的原料供应得到了可靠的保证。不常出门的农民到了这里，几乎以为自己是真的进了桃花源。

这确是中国大地上前所未有过的景况。

张謇常常说，一个人办一个县的事，要有一省的眼光；办一省的事，要有一国的眼光；而办一国的事，就要有世界的眼光。这种思想，自始至终贯穿在他兴办实业的过程中。他从来就不满足于现有的事业，一直在不断扩展事业的规模。1904年，他利用大生纱厂的盈利和新入股的资金，投资63万两白银，增添纱锭2.4万枚，所用的机器设备等也逐步加以更新。就这样，到1913年，大生实业集团已经拥有200万两白银、6.7万枚纱锭。

除了兴办垦牧公司，张謇还以棉纺织业为中心带动了其他行业的发展。1906年，张謇为了解决纺织机器设备的维修制造困难，开办了资生铁冶厂，还有广生榨油公司、大隆肥皂公司、吕四盐业公司、镇江铅笔公司、上海大达轮船公司、江浙渔业公司等也接连兴办起来，到第一次世界大战前夕，张謇已兴办各类企业二三十个，形成了一个以轻纺工业为核心的企业群，一个在东南沿海地区独占鳌头的新兴的民族资本集团。

1914年第一次世界大战爆发，帝国主义忙于打仗，

暂时放松了对中国的经济侵略，中国的民族工商业的发展进入黄金时期，张謇的事业也在这时达到了顶峰。1917年，单大生纱厂的盈利就达76万两白银，1919年又赚了263万两白银。到1922年张謇70岁生日时，大生集团四个纺织厂，资本达900万两白银，有纱锭15.5万枚，占全国民族资本纱锭总数的7%。同时，在盐、垦、牧方面，他先后开办了20个盐垦公司，成为东南实业界的巨人！

张謇故居

"教育救国"——倾心办学堂

张謇的教育救国思想和他的实业救国思想几乎是同时形成的。作为一个读书人，他早就明白民是国的基础，国家的现代化以国民个体素质的现代化为前提。"一国之强基于教育"，民愚则国黯，"民智则国牢"。作为一个倍受传统的科举教育折磨的读书人，他更明白，中国要进步，要发展，不能靠传统教育，一定要发展近代教育。他曾把西洋近代教育与中国传统教育相对比，深刻地指出："科举主意在培养特别之人才，学校主义在开通多数之民智。"他认为教育的基本责任就在于开启民智，唤起民众的责任心，增进民众的知识，培养"合格的国民"。张謇说："教育者，期人民知有国。"这一目的不仅适用于小学、中学教育，同样适用于大学教育。"所谓大学者，养成可以为官之国民，不必尽为官也。……与其得多数无意识之官，不如得少数有意识之民。"张謇在筹办大生纱厂时，就有了利用纱厂的利润兴办学校的想法。他曾自述自己兴办实业的起因说："办学需经费，鄙人一寒士，安所得钱？此时（指甲午战败以后）虽已通仕，然自念居官安有致富之理。古人虽亦云为贫而仕，要知，为贫而仕一语，系专为抱关击柝而言。自一命以上，皆不当惶惶然谋财利。据正义言之，其可以惶惶然谋财利者，惟有实业而已，此又鄙人兴办实业之念所由起也。"在兴办实业的过程中，张謇对教育的意义，特别是教育与实业的关系又有了进一步的认识，他说："世界今日之竞争，农工商业之竞争也；农工商业之竞争，学问之竞争，实践、责任、合群、阅历、能力之竞争也。"他认为，中国要发展，教育和实业两者缺一不可。一方面，"兴教育必资于实业"，"不广实业

张謇书法

则学又不昌"；另一方面，教育为"万事之母""有实业而无教育，则业不昌"，"苟欲兴工，必先兴学"。因为办学需要师资，张謇把创办师范学校，培养师资看作是发展中国近代教育的第一环。他说："师范为教育之母，"欲求学问而不求普及国民之教育则无与，欲求教育普及国民而不求师则无导，故立学校须从小学始，尤须从师范始。"他认为中国兴办教育的正轨应该是"师范启其塞，小学导其源，中学正其流，专门别其派，大学会其归"。知而必为，想到即去做是张謇的性格。1902年张謇抱着"家可毁，不可败师范"的决心创办了通州师范。

1902年夏天，张謇经营的大生纱厂有了一定的利润，他便向两江总督刘坤一和南通地方长官提出办师范学校的打算，还递呈了办学宗旨及大体规划，尽管刘坤一非常赏识和支持张謇的想法，但地方官吏中的一些守旧派却极力反对，说："中国他事不如人，何至读书亦向人求法？"这些闲言碎语，没有动摇张謇办学的决心，他在和罗振玉、沙元炳详细商量后，决定创办私立师范学校。他对学校的各项校规章程，以及如何招集生徒、教习考核、生活管理等各条各项都结合中国传统办法和西洋经验，拟定了详细的条文。之后，张謇选定通州南门外荒废了的千佛寺作为校址。

经过7个月的修建和筹备，到第二年春天，这座破旧的大庙，已经被改建成一个占地41亩，可容纳学生300余人的新型学校。在校舍还没有建成的时候，张謇就大开才路，广求名师。他聘请学界名流王国维为国学、教育学教员，又聘日籍教师西谷虎二、木村忠法郎等担任伦理学、西洋史、教授法等课的讲师。有了教师，又开始招生，先招了本科（3年）、讲习科（1年）各一个班。学生一般从贡生、监生之中选取"性行端淑、文理素优"的人，生源素质非常高。在学校筹建过程中，许多事情张謇都亲力亲为。他亲自和庶务检查学生宿舍，一处一处地敲牢门上挂名牌的钉子，甚至还亲自修整厨房和厕所，测量过厕所内蹲坑的两只脚间的距离。当时，他已经50多岁了，还具有状元和翰林院修撰的高贵身份。他对于学堂寄托了太多的期望，首办师范教育也使他感到无比的自豪，他曾说："夫中国之有师范学校，自光绪二十八年始，民间之自立师范学校自通州始。"1903年4月通州师范正式举行开学典礼，张謇特地整肃衣冠，做了热情洋溢的长篇讲话，整个典礼进行了数小时之久。中国第一个师范——民立通州师范学校就这样创建起来了。作为学校总理，张謇的欢乐是别人无法理解的，其中的酸甜苦辣又是他人生中又一笔宝贵的财富。

通州师范学校属于中等师范性质，主要培养小学教师。学校设置的课程有：教授管理法、修身、历史、地理、算术、文法、理化、测绘、体操等。基本上适应高、初两等小学教授各门课程的需要。学校的课程设置完全不同于旧式学堂，处处体现着新时代的需要。不久，通州师范分设本科（4年），速成（2年），讲习（1年）各科，并附设实验小学，规模更趋完备。以后，又陆续创办测绘、蚕桑、农、工等科，还建立了工科实验室、农学实验室、农场、博物苑、测绘所等。这些设置已超过了一般中等师范学校的范围，具有大专学校的建制规模了。特别值得一提的是，张謇在通州还兴办了女子师范学校，这在当时不仅是有远见的，而且是移风易俗的创世之举。

　　除此之外，为培养多方面的人才以振兴实业，实现富民强国的宏图伟愿，张謇还创办了女红传习所、伶工学社、盲哑学堂等多种特殊教育机构，以适应社会的需要。尤其是女红传习所的创办，使南通的女子有了一种自谋生计的职业。著名刺绣大师沈寿的技艺得以流传下来。在女红传习所创办后的第7年（1920年），

张謇书法

由于绣品增多，销路大开，张謇在南通成立了绣纺局，以沈寿为局长，并在上海九江路22号设立"福寿公司"，专门营销绣织局产品。南通的绣品还曾打入国际市场，当时在美国、瑞士、意大利等国家都有专门销售南通各种绣品的销售处。

在张謇执着不懈的努力下，在大生集团强有力的支持下，从1902到1926年25年间，张謇先后兴办了小学370多所、中学6所、高等学校3所、职业教育学校4所、特殊教育学校2所，形成了一个比较完备的教育体系，以致当时南通"学校之多、设备之完备、人民知识之增进，远非他处所能及"。今天的南京大学、复旦大学、河海大学等许多著名的高校在其创办时都曾得到过张謇的资助。为了开通风气，张謇还在南通地区创办了博物苑、气象台、图书馆、更俗剧场等。作为一个传统教育培养出来的状元，他的目光远远超越了自我。

张謇为南通师范学校的成长，呕尽了心血。校务的重大事情，经费和教职员工的人事安排，他无一不亲自过问。每逢开学、放假，只要他在南通，都亲自演讲训导。学生毕业，他一个个喊着名字，亲自发给毕业证书，使学生深切感受到长者的关切之心。

从"立宪"到"共和"

晚清政治风云变幻，处在风雨飘摇之中的清政府，迫于内外政治势力的压力，不得不顺应各界的呼声，打出"预备立宪"的旗号。一心致力于地方建设的张謇，在通州地区大办实业、教育，对政治原本无暇过问。然而，作为一个有远见的实业家，他清楚地知道"实业之命脉，无不系于政治"，所以，他也不甘心冷落政治，一有机会，他对政治还是要发发言的。戊戌维新时期，他虽然嘱咐康有为等人"勿轻举"，但其基本倾向是赞同维新变法的，对维新派的失败感到惋惜。1901年，张謇从"法久必弊，弊则变亦变，不变亦变。不变而变者亡其精，变而变者去其腐，其理固然"的变革观出发，作了长达两万余言的《变法平议》，全面系统地论述了清政府的吏、户、礼、兵、刑、工六部的改革措施。《变法平议》的主旨实际上是重弹康有为、梁启超维新变法思想的老调，尽管它比康、梁的维新变法主张更温和一些。戊戌维新失败以后，国内政治环境还是一片肃杀凄凉。在众口缄默的氛围下，张謇敢于率先打破沉默，重弹康梁维新思想的老调，这需要相当的勇气和胆识，也表明了他不能忘情于政治的心迹。清政府在复杂的国内国际局势面前做出"立宪"的姿态后，张謇以极大的精力投入到旨在推进中国社会走向进步的立宪运动中去。1903年，他到日本考察实业。在日本期间，张謇考察的重点虽然在实业和教育上，但对日本政治，他也是留心的。在自己的日记中，他分析说，日本成功的关键原因就在于其有一个开明立宪的政府——"政府有知识，能定趣向，士大夫能担任赞成，故上下同心，以有今日"。反观中国，"上下之势太隔"，"中国之政府殆远逊于日本"。因此，要有效地推进中国的实业发展和社会进步，就必须以渐进的手段把现政府逐步改造成为一个开明立宪的政府。为了使清政府确实有所更新，同时也是为了推动全国立宪运动的发展，1906年，张謇等人在

张謇书法

上海成立了"预备立宪公会"，郑孝胥任会长，张謇被推为副会长。"预备立宪公会"大造舆论、联络各地立宪团体和有进步倾向的官僚，互通声气，一时间，各项立宪活动开展得红红火火，非常活跃。1907年10月，清政府谕令各省成立谘议局。在张謇等人的积极推动下，1908年冬天，江苏谘议局成立，张謇被推为谘议局议长。张謇认为谘议局是中国走向立宪的里程碑，因此特别兴奋。他一方面加紧推动江苏的宪政筹备工作；另一方面，他积极策划国会请愿活动。1909年10月，张謇同江苏巡抚瑞澂及立宪派骨干雷奋、孟昭常、杨廷栋、许鼎霖等人进行磋商，确定由瑞澂联合各省督抚要求迅速组织责任内阁，由自己出面联合各省谘议局，要求召开国会。为争取浙江省谘议局的支持，张謇亲赴杭州会见汤寿潜等人。当时浙江省谘议局有人发牢骚说："以（今日）政府、社会各方面之现象观之，国不亡，天无理。"张謇生气地说："我辈不为设一策而坐视其亡，无人理。"他觉得国民一定要尽到自己的责任，为国家分忧解难。在张謇等人的多方努力下，1909年12月，各省代表齐集上海会商国会请愿大事。次年1月，各省请愿代表北上时，张謇特地写了《送十六省议员诣阙上书序》，希望代表们"深明乎匹夫有责之言，而鉴于亡国无形之祸，秩然秉礼，输诚而请；得请则国家之福，设不得请而至于三至

张謇书法

于四至于无尽，诚不已，则请亦不已，未见朝廷之必负我人民也。即使诚终不达，不得请而至于不忍言之一日，亦足使天下后世知此时代人民固无负于国家，而传此意于将来，或尚有绝而复苏之一日。"

1910年春天，立宪派请开国会的活动达到高潮。清廷见民情激愤，为避免引起剧变，遂于10月下诏缩短立宪时限，定于1913年召开国会。接着于1911年5月成立了以奕劻等人为首的"皇族内阁"。"皇族内阁"的名单公布后，各地立宪派大失所望。6月，直隶省谘议局呈请都察院代奏，指出皇族内阁不合君主立宪公例，失人民立宪之希望，要求彻底改组。在这关键时刻，有人到南通访问张謇，请求他到北京摸摸情况，以决定各省谘议局的态度。张謇终被说动，经与好友雷奋、杨廷栋等商量后，他决定为了国家和民族的大计，暂时放下南通的实业，由汉口取道京汉路北上。

到了北京，张謇晋见了摄政王载沣，并特地拜见了掌管内阁的庆亲王和其他要人，到处披肝沥胆，为立宪游说。但是那些权贵谁也没有真心听他这套说辞，他们误以为张謇北上的目的是谋官，所以希望他留在朝中为官，并给予"宾师"的位置；若愿意外放，则给予黑龙江巡抚等职。听了这班昏聩的官僚们的话，张謇知道，今日的京师和十多年前甲午战争时的状况没有什么两样，赶紧婉言拒绝，返回南通。

1911年10月10日夜，辛亥革命爆发，这一夜，张謇由于要参加武昌大维纱厂的开幕式，正好在武昌停留，亲眼目睹了革命的突然发生。起义士兵在民众的协助下一举攻克了武昌，昭示着中国最后一个封建王朝即将崩溃，也预示着新的共和国即将诞生。对于张謇来说，这就意味着立宪运动的失败，惋惜和感叹之情不绝于胸。毕竟曾经是帝党的骨干成员，受过"先帝拔擢"的知遇

张謇故居近景

之恩，加上传统伦理观念的长期熏陶，使张謇在感情上与清政府藕断丝连。从"立宪"转向"共和"，对张謇来说，不经历一番挽救清政府的努力，是很难做到的。只有在为清王朝奔走呼号"立宪"无效之后，他才能找到转向"共和"的心理支撑。从武昌起义爆发的第二天起，张謇就辗转南京、上海，呼吁清廷公布宪法，召开国会，希冀以此平息革命，稳定国内局势。但是革命的火焰已经不可扼制，在湖南、陕西、山西等省相继独立后，特别是当革命党人攻克上海、浙江，江苏巡抚程德全在苏州也宣布脱离清政府"和平光复"后，清廷的灭亡已到无可挽回时，张謇开始正视现实了。1911年11月7日，张謇致信友人许鼎霖指出："现在时机紧迫，生灵涂炭，非速筹和平解决之计，必至于俱伤。欲和平解决，非共和无善策。"为了保护通州实业发展和社会稳定，他还抢在革命党人之先，策划并实现了通州的"和平光复"。1911年11月17、18日，清廷先后任命张謇为宣慰使和农工商大臣，张謇发电坚辞说，时至今日，尚有何情可慰？尚有何词可宣？他忠告清政府："与其殄生灵以锋镝交争之惨，毋宁纳民族于共和主义之中。"1912年1月1日，孙中山在南京宣誓就任临时大总统，张謇被任命为临时政府实业部长。

初识袁世凯

　　1881年5月，庆军驻防山东已经几近半年，这天，手下人来报吴长庆，他的一个朋友的继子来投奔他。吴长庆看到来人，才知道是自己过去的结拜兄弟袁保庆的嗣子袁世凯。

　　袁世凯字慰亭，河南项城人，从小不爱读书，是一个游手好闲的浪荡子弟，因为经常在乡里做一些坏事，乡里人痛恨他，常用办法收拾他，袁世凯不愿意受乡里人的惩罚，听到嗣父的朋友吴长庆驻扎在山东，奉旨督办海防，用人一定多，就带着嗣父的旧部数十人，来投奔吴长庆了。

　　吴长庆在山东的海防开展并不顺利，看到袁世凯率数十人来，实在无法安插，就只留下袁世凯在营里读书，其他人给钱全部打发回去。看在朋友的面子上，吴长庆每月给袁世凯10两银子的零花钱。

兄意患散辄發癰勢為
積乃不易顧復更思訖之唯
頻消息內外極生冷而心腹中
恒無他此一是若但疾源不除自
不可佳論事當隨宜思之也

张謇书法

张謇奉命督促袁世凯读书，发现他学无根基，基础太差，教他写一篇八股文，竟然不能成篇，文句之差，张謇竟不能下手修改，袁世凯也觉得学习十分头痛。学习虽然不成，但袁世凯却表现出了较强的办事能力，凡是交他办理一件事情，他都能办得井井有条，不出差错，有时候，张謇和他谈起国家大事，发现他对清王朝面临的危机有清醒、深刻的见解，同时大有天下兴亡，匹夫有责的英雄气概，张謇这才知道袁世凯的投军并不是为了混一碗饭吃，而是怀着宏图大志而来的，于是与幕友朱铭盘商议，把他向吴长庆推荐。

吴长庆决定派个差事给袁世凯，他问袁世凯有什么官阶，袁世凯回答说曾经捐过一个中书科中书，于是吴长庆下文，委任袁世凯为帮办营务处，月给薪银30两，并派给他勤务兵2名，让他差遣。

1881年，朝鲜的事态发展到了不能不采取行动的地步，国王李熙过去年幼，由其父李应摄政，但是李熙年长以后，李应并不交出摄政权，李熙的宠妃闵氏是一个精明强干的女人，他联同心腹权臣很快掌握了政权，继续追随中国，但是李应甚至于李熙都想借着日本的支持脱离清政府的控制。1882年，朝鲜由于欠饷数月，发生了骚乱，日本趁机出兵，借口要朝鲜赔偿损失，必须与日本签订城下之盟，这时，朝鲜才知道了事态的复杂性，

向清政府请求派兵支援。

这时，北洋大臣、直隶总督李鸿章因为母丧休假，朝廷让两广总督张树声代理北洋大臣，张树声主张对日强硬，他接到朝鲜事态的情报后立即派海军提督丁汝昌邀请吴长庆到天津，会商对日办法，张謇随行。

8月8日，吴长庆和张謇乘海轮赴天津，船到大沽口的时候，张树声派人在码头专候，立即把他们带入公馆，随后，不等吴长庆和张謇料理征尘，张树声和幕僚何眉孙来访，四人商议了对日本军事行动的方案。

8月11日，天刚破晓，吴长庆和张謇已经乘轮返回登州。次日，吴长庆向全军下达了预备开拔的命令。

8月16日，吴长庆亲率六营大军乘兵轮出发，张謇

张謇纪念馆内景

随吴长庆同舰赴朝鲜。

吴长庆命张謇"理画前敌军事",这对他这个一介书生来说,是一个陌生的任务,他于是要求派袁世凯为佐理,这一年,张謇29岁,而袁世凯只有23岁。可以说是两个少壮派处置前敌军务。

部队于8月22日到了朝鲜,吴长庆命某营官率队先行,但是此人推说士兵刚下船还不适应,请求缓行,吴长庆大怒,下令把此人交军法处看管,改令袁世凯代理该营官带,并给予令箭,有不服从的,即行正法,袁世凯奉命后,立即部署,两小时内就绪,待命出发。

次日黎明,袁世凯率兵登陆,吴长庆与张謇率全队殿后,行程50里,袁世凯飞骑来迎,报告前锋已在前面10里扎营,请大军在此住宿,一切安排就绪,长庆见袁世凯指挥若定,年轻老练,大喜过望,对张謇说:"慰亭真不错,不负张先生的识拔,我应向张先生道谢。"袁世凯听到是张謇密保的他,向吴长庆请安后,向张謇请安说:"谢老师的提拔。"张謇感到不安,连忙说:"这是大帅对你的特识,希望你不要辜负了大帅,多替国家出力。"袁世凯连连称是。

8月25日,吴长庆军队抵达朝鲜京都汉城(今韩国首尔),大营驻扎距京七里的屯子山,等到吴长庆、张謇进入了朝鲜国王安排的行馆后,袁世凯向长庆禀报,

所带军队有抢掠朝鲜村民鱼肉、鸡鸭、蔬菜的事情，长庆大声说："你为什么不严办？"袁世凯连忙说："我已请出了令箭，正法了7个人，现有7个人的人头在此。"吴长庆连声赞叹："好孩子！好孩子！你真不愧是将门之子。"

当日，吴长庆率亲兵一营进城。

8月26日，吴长庆轻车简从对摄政王李应进行礼节性的拜访，下午，李应到军中回访，吴长庆一方面与他会谈，一方面按照安排把李应的手下人打发到别处，然后宣布清王朝拘捕他的命令，并立即将他送上官轿由士兵立即送到南阳港海口，登轮直送天津。

8白29日，吴长庆派兵消灭朝鲜寻里、利泰村叛军，俘虏数百人，张謇见俘虏中老百姓较多，就向吴长庆建议由地方官指任，只杀首恶，胁从不问。到了9月8日，朝鲜政局基本平息。

9月9日，直隶总督、北洋大臣李鸿章假满回任，吴长庆到天津述职，张謇也与吴长庆一道回国，吴长庆把朝鲜庆军的日常事务，都托给了袁世凯办理。袁世凯由此走上了他人生历程的新阶段。

袁世凯

与袁世凯决裂

从1913年10月至1915年11月，张謇在北京政府担任了整整两年的农商总长。任职期间，他希望利用中央政府的力量来推行他的实业救国的方针政策。他制订了《公司保息条例》《公司条例》《公司注册规则》《矿业条例》《矿业注册条例》《商人通例》《商业注册规则》《商会法》《国币条例》《国有荒地承垦条例》《森林法》《狩猎法》等几十个经济法规，尽管有些法规并未完全执行或根本无法执行，但毕竟是中国历史上第一套较系统的经济法规，而且对于第一次世界大战期间中国民族工商业的空前发展，亦有积极的推动作用和保护作用。在此期间，他还制订了保护民营工商企业的政策，提倡兴办银行，特别注重民营私立银行，利用外资振兴实业。这些政策，因财政困难，没有能完全实施，办中法合资银行，输入外国资金，也因欧战发生，完全搁浅。

　　张謇初任农商总长时，和其他阁员一样，对袁世凯抱有幻想，然而经过不长的时间，他们就发现情况不妙。

　　1913年11月4日，袁世凯就下令追缴国会中国民党议员的证书，一登上正式大总统宝座，就下令解散国民党，最终解散国会，张謇等追求民主政治的阁员就感到不寒而栗了。

　　11月7日，张謇去拜见袁世凯，提出"维持国会"的建议。但是，他不明白，袁世凯要建立专制独裁统治，岂能容忍任何立法、代议机关存在。尽管进步党忍辱负重，委曲求全，也不能使袁世凯这个铁了心的独裁者心慈手软。1914年2月1日，内阁以总理熊希龄为首的许多阁僚不能忍受宣布辞职。

　　向来厌于政坛风涛的张謇，这次却没有随同其他人辞职。善始善终，竭尽全力

青松多捷雪千尺

素慈开末月一义

张謇书法

做好每一件事，是张謇的处事原则，他只想振兴经济，发展实业、教育。他就任农商总长不过数月，许多事情才刚刚着手，特别是他梦想多年的导淮工程，现已提上议事日程，2月初，他刚同美国公使签订了治淮借款条约，他若辞职，这项借款也就中止了。袁世凯见他心事在此，落得做个顺水人情，将原设导淮总局改为全国水利局，由张謇兼任总裁。

1914年4月，张謇带领从荷兰聘请来的水利工程师贝龙猛一道南行勘察淮河水情与河道。两个月以后，欧战开始，中法劝业银行所定借款条约中止，美国帮助中国治淮的借款也停止了。张謇的治淮方案只好也暂时搁浅。

1914年4月，张謇带领从荷兰聘请来的水利工程师贝龙猛一道南行勘察淮河水情与河道。两个月以后，欧战开始，中法劝业银行所定借款条约中止，美国帮助中国治淮的借款也停止了。张謇的治淮方案只好也暂时搁浅。

夏天，一面是淮河大水滔天、汪洋一片；一面是袁世凯迫不及待地要黄袍加身，筹安会闹得乌烟瘴气，张謇心急如焚。11月，他正式递上辞呈，没有得到袁世凯的批准。1915年春，袁世凯与日谈判，签订"二十一条"，出卖中国大片利益，对此张謇怒不可遏，再具呈辞职，直到1915年4月，才把辞职书批下来，说可以解除工商部总长和农林部总长之职，至于全国水利局总裁的职务没有提，也不知是同意还是不同意。同年7月，因张謇尚未辞去全国水利局总裁职务，曾一度入京。当时，袁世凯称帝之声甚嚣尘上，筹安会一些人想拉张謇参加，饱经政海风涛的张謇，眼见这场复辟闹剧要引发一场举国一致的反袁风暴，他断然拒绝与筹安会同上贼船。8月16日，张謇正式辞去全国水利局总裁及参政所有职务，彻底与袁世凯斩断一切联系，退守通海一隅，实现自己的实业之梦。1916年6月，袁世凯病亡，袁世凯帝制梦破灭。

声价五陵争辟命　东邻一瞥
文章一代振风骚

张謇书法

不忍失梅子欲将听鸟鸣

近代江苏南通的实业家张謇是个多面人。他1853年生，年轻时，参加光绪朝科举考试中过状元，后入淮军当幕僚。过了40岁，开始投身工商实业活动中，在南通，创办大生丝厂，举办通海垦牧公司、大达轮船公司、复新面粉公司、资生铁冶公司、淮海实业银行，投资办苏省铁路公司、大生轮船公司、镇江大明电灯厂；参加过清末的立宪运动，当过江苏省谘议局议长；辛亥革命后，当过临时政府的实业总长，当过袁世凯政府的农业总长；组织成立过统一党，对抗国民党。

他就是这样一个人，还曾有过一段热心参与文化教育事业的历史，他的观点是，教育和实业一样，也是"富强之大本"。

张謇参与文化教育，主要是做改良和推广戏剧艺术的工作，而对于戏剧艺术的改良推广，他有个愿望：想

野坐苔生石

荒居菊入篱

秋迳一元

张謇

张謇书法

让欧阳予倩的南派京剧和梅兰芳的北派京剧联合起来。他认为只有他们二人联合，京剧才能繁荣发展。

1919年，他在南通创办了一所伶工学校，旨在培养戏剧人才。他聘请欧阳予倩当学校负责人。与此同时，还开了一所更俗剧场，请梅兰芳到南通演戏，使欧、梅二人有机会接触。为方便欧、梅二人交流，他在剧场内设了一间"梅欧阁"，阁内悬挂对联"南派北派会通处，宛陵庐陵古今人"。这上联直言让欧、梅联合的愿望；下联，宛陵是宋朝梅尧臣的别名，庐陵是欧阳修的籍贯，用梅尧臣、欧阳修二位古人来衬梅兰芳、欧阳予倩二位今人。以此给二人交流合作创造气氛。张謇有一首写"梅欧阁"的诗是：

欧剑雄尤俊，梅花喜是神。

合离两贤姓，才美一时人。

珠玉无南北，笙镛有主宾。

当年张子野，觞咏亦情亲。

他在这里清楚地表明，二人"才美一时"，自己情之所钟，乐于为二人联合干杯，放歌。

梅兰芳对此有积极响应，1920年梅兰芳到更俗剧场演出。张謇则是每戏必看，每戏必献上一首诗。演出结束后，梅兰芳为答谢张謇，写了一首《临别赋呈啬公》：

人生难得自知己，灿烂黄金何足奇？
毕竟南通不虚到，归装满压强公诗。

"啬公"即张謇。梅兰芳有自知，认为自己并没有特殊才德，就是灿烂的黄金也不值得特别对待，世上只有真诚的关爱才是最宝贵的东西；我此次来南通得到啬公厚爱，深感满意，仅啬公给我的这些诗，就让我欢喜不尽了。

张謇之所以这样对待梅兰芳，就是希望梅兰芳留在南通，他另有一首赠给梅兰芳的诗就是写的这个：

孔雀舞炎柱，鹁鹨抢寒枝。
近郭樊笼密，入林缯缴稀。
人生贵适性，贫贱安足辞？

南国树婆罗，柯叶正华滋。

好鸟栖不巢，恶鸟翔不栖。

瞻顾复瞻顾，问子将何之？

此诗用对比的方法，写地点不同，条件不同，吸引不同的人，从而获得不同的结果；人应该适应环境，尽管它可能不好；南方很好，但缺乏人才，你应当好好想想，再决定去向。全诗以"鸟"贯穿，鸟会鸣叫，用它喻梅兰芳会唱戏，当然很合适。

梅兰芳因为种种原因，最终回了北京，没能如张謇所愿。

欧阳予倩虽在南通伶工学校为实践自己戏剧改革的主张而努力工作，最后也还是因为学校仅仅只办了6年而不得不宣告终止。

虽然张謇让欧阳予倩、梅兰芳二人联合的愿望没能实现，但他的一片苦心和至诚努力，还是令人难忘的。

一架小楼无市税

九秋真画出田家

张謇书法

内外交困的大生集团

  1912—1921年的10年间，大生企业系统获得了突飞猛进的发展，特别是在1918—1921年4年间，大生纱厂在海门常乐镇南扩建第三厂，并拟在四扬坝扩建第四厂，在天生港扩建第五厂，在东台扩建第六厂，在如皋扩建第七厂，在南通江家桥扩建第八厂，于吴淞扩建第九厂。

  在实力雄厚的大生纱厂支撑下，张謇以讲求实效的经济思想头脑和敏锐灵活的经营方式全方位投资经济社会各部门。

  他投资盐垦公司，先后创办大晋、大豫、大赉、大丰等70多个盐垦公司，南到长江口附近的吕四场，北到海州以南的陈家港，包括南通、如皋、东台、盐城、阜宁、涟水等县，土地面积455万亩，投资总值2119万元。

  投资金融业：为解决新办企业的资金需要，大生系统1897年开始筹办淮海银行，1919年11月正式营业，董事长为张謇之子张孝若。

连锁企业：大生企业集团除辛亥革命以前创办的重工、交通、食品、机器、印刷、文教、卫生、福利等企事业单位外，自1912年以来，先后创办与棉纺织业息息相关的许多连锁企业。为了适应大生公司的运输需要，张謇等陆续筹建大达轮船公司，大储栈等储运企业，以及许多服务性企业。1920年前后，张謇实业建设进入鼎盛期。当时他身兼南通实业、纺织、盐垦总管理处总理，大生第一、二纺织公司董事长，通海、新南、华成、新通等盐垦董事长，大达轮船公司总理，南通电厂筹备会主任，淮海银行董事长，交通银行总理，中国银行董事，大生第三纺织公司董事长等职务。为开辟国际贸易市场，张謇还先后与美国前任驻华公使芮恩斯磋商，重新规划、

张謇塑像

建立中美合办银行及太平洋航运业。

　　尽管向海外扩张的计划未能取得预期的效果，大生资本集团在国内却是首屈一指的大企业，成为长江三角洲以棉纺织业为核心的综合性企业。在中国民族资本棉纺工业初创伊始，即险象环生、纷纷失败的困难时期，惟有张謇创办的大生纱厂取得真正的成功，并发展成为近代中国第一个规模较大的民族资本企业系统。它犹如昏暗中出现的一点星火，在近代中国由自然经济向商品经济过渡的社会经济变革初期，为摸索前进中的中国民族工业带来一线希望。它向国人证明：在同等的历史条件下，实业家是否具有明确的经营目标、经营思想和经营策略是企业成败的关键。张謇兴办实业，创建大生纱厂，是为了"通州民生""民富国强""图存救亡"。在此崇高目标的推动下，给了他历尽千辛万苦，艰难创业的决心和毅力，大生生产以后，又以高瞻远瞩的企业家精神和风度开拓前进，为大生制订了经营企业的总方针和灵活的经营策略，从而在面对日商和沪商在南通竞购原料棉和推销棉纱的激烈竞争中，充分利用当地有利的市场条件，取得了举世瞩目的历史性成就。至20世纪20年代初，张謇成为"中国第一个实业大王"。对此，毛泽东也给予了肯定。他在50年代中期谈到中国民族工业时，曾说过有4个人不能忘记：讲重工业，不能忘记张之洞；

张謇故居

讲轻工业，不能忘记张謇；讲化学工业，不能忘记范旭东；讲交通运输，不能忘记卢作孚。这是基于历史事实作出的客观评价和结论。

1921年，正当张謇踌躇满志地筹备举办来年南通自治会第25年报告会，借以纪念自己七十大寿的隆重时刻，通海地区突然遭到特大台风暴雨，以后又是连续4天"疾风盛雨"，接着又遇秋潮大汛汹涌而来，外江内河同时泛滥成灾，使得张謇苦心经营的农垦，水利等地方自治核心事业毁于一旦。张謇面对自然灾害的严重打击，并不气馁，他决定将报告会时间推迟到1927年作为南通地方自治30周年庆典。张謇希望今后5年期间，能够恢

复破坏的农垦、水利工程，使大生资本集团达到更加繁荣兴旺的目标。但是，他万万没有料到，这却是大生资本集团走向衰败的开始。欧战结束后帝国主义列强加剧了对华的经济掠夺，通海关布庄销路大大萎缩，使大生纱厂逐步失去了通海关庄布生产这个棉纱市场。

1922年，一个惊人的消息突然传出大生企业系统的两大盈利企业——一厂和二厂都出现严重亏损，一直被张謇视为财源利薮的盐垦事业，由于资金需求量大，又具有相当大的风险性，水利工程尚未完全解决，如遇风潮大灾，多数赔累不堪，只好将这种"盐垦拖欠"转嫁到大生纱厂账册上，永无归还之日。

由于大生纱厂历来实行"得到全分"的方针，严重

张謇故居

削弱了企业本身的资金积累，特别是大盈之年自治锐进，又使大生企业摊子铺得太大，造成"事大本小"的尖锐矛盾。因此面对巨额亏损的困境，大生资本集团只有到处求援借债，以求苟延残喘。但是，杯水车薪，无济于事，债务如山，责难纷至。张謇在穷途末路上，只好将起死回生的希望寄托在"利用外资"上。他先后与日本、美国商谈货款事宜，均未成功。由于多种原因，特别是1924年大规模的江浙之战和第二次直奉战争爆发，战火一直延烧到张謇赖以生存的长江口，大生资本集团，不但销路受阻，并因这些军阀多次来通，频加勒索，对已处困境的大生资本集团无异是投石下井的致命打击。

1925年，大生资本集团终因资不抵债，停产的厄运降临了。大生资本集团向雄心勃勃的江浙财团提出清资还债。当年7月，由上海方面的中国、交通、金城、上海四行和永丰，永聚钱庄组成债权人团，全部接管了大生厂。不幸的是，江浙财团也无法使这个老迈衰疲的大生纱厂起死回生。在全球经济危机的影响和日本纱厂的排挤下，大生纱厂依然产销两困，不久落入四大家族官僚资本手中。通海地区的企业王国在军阀混战、哀鸿遍野的情况下走向最后崩溃。

张謇与南通

在南通，一个人的名字会不断地被人提起，那就是张謇。

大多数人知道张謇是清末的状元郎。但张謇绝不仅是个文状元。历朝历代，有多少状元还能为今时的我们所反复提及？大多数状元最辉煌的时期便是金榜题名时，此后大都平平淡淡混迹于仕途，身后仅留史册一个状元

张謇纪念馆

头衔。而对于张謇——这位风雨飘摇王朝的状元来说，金榜题名仅仅是他精彩富有内容的人生的一个开端，远未达至顶峰。

参观张謇纪念馆

从某种意义上来说，张謇是不幸的。像张謇这样的士大夫，最大的理想自然是能"治国齐家平天下"。成为状元，本是个好开始，却不幸面对的是一个已经从中心烂掉、无可救药的清政府。但从另外个角度而言，张謇又是幸运的。身处中国伟大的历史变革时期，并且清醒地看到了自身该承载的历史使命，如此是能有一番大作为的。

作为较早看到西方文明的一批人之一，张謇主张借助"西学"，以求"实业救国""教育强国"。以南通为基地，张謇于1895年创办了大生纱厂，并以此为起点，先后办起了运用现代工业技术的纺织厂、油脂厂、面粉厂、造纸厂、冶炼厂等几乎属于所有轻工业必不可少的企业。在兴办工业同时还注重发展农业。1901年，张謇创办通

张謇纪念馆内景

海垦牧公司，对沿海滩涂进行开发建设。其后又办了大有晋、大赉、大豫和大丰等盐垦公司。张謇还注重交通的发展，秉着"道路交通为文明发达之母"的思想，他创办了轮船公司，建港口码头，修建公路，致力于将南通打造成为长江下游北岸的枢纽。

张謇留给南通最有价值的是他兴办的教育。张謇曾言"欲雪国耻而不求学问则无资，欲求学问而不求普及国民之教育则无与，欲教育普及国民而不求师则无导，故立学校，须从小学始，尤须从师范始。"1902年张謇自筹资金建设通州师范学校，这是我国第一所师范学校。张謇还创办了通州公立女子师范学校、南通医学专门学校、纺织染传习所、伶工学社、盲哑学校，以及数量众多的中学和小学。从纵向看，有学前教育、初等教育、中等教育、高等教育；从横向上讲，有普通教育、职业教育、特殊教育、社会教育等。这些构成了南通相对完备的教育体系。今人说"全国教育看江苏，江苏教育看南通",这应当溯源至张謇。

从状元到实业家、教育家,张謇这个清末士大夫的华丽转身,在中国近代史上留下了浓墨重彩的一笔。

张謇在南通的营建是非常独特的。那时的张謇不是官员,虽然动用了一些官方资源,但毕竟不同于张之洞在武汉的营造。张謇又不是纯粹的商人,他怀揣着救国强国梦想,不论他所经营的工业还是农业都是作为实现其最终抱负的手段。这就造就了张謇和他所营建的南通的独特性。

清华大学教授、两院院士吴良镛在南通考察后提出南通是"中国近代第一城"。在论证中,他将南通与同时期的中国近代化城市进行了比较,认为南通有别于上海、天津等帝国主义租界,也不同于唐山及武汉。南通在中国近代化城市中具有创造性、典型性和相对完整性。

这种典型性和完整性正是张謇作为一个实业救国者的反映。张謇将南通作为救国和强国试验地,在兴办工

张謇故居

厂、农场的同时营建家园。他发展交通、兴修水利，创造性地开展城市建设，改善南通的环境。更重要的是他致力于在传统基础上实现文化近代化。他创办学校目的在于提升国民素质，从根本上实现民强国盛。这种以实业近代化带动城市近代化、文化近代化的努力使得南通成为当时“中国一个理想的文化城市”。

张謇书法

南通是中国人自己以传统文化为基础，自觉地、有创造性地，通过较为全面的规划、建设、经营的第一个有代表性的城市，因而可堪称"中国近代第一城"。

张謇和南通是中国人近代"强国梦"的一个缩影。张謇欲走"实业救国"之路，以南通为试验地，进而推至全国。旧王朝出身的张謇，在时代剧变浪潮中，跌跌撞撞奋力前行。张謇在南通留下的处处遗迹向今天的我们诉说着一代先驱者的强国梦想。而这个梦，须我们来完成。

昔日的南通因张謇之苦心孤诣而能成"中国近代第一城"。今日南通人民追寻着张謇等先驱的脚步，胼手胝足而能实现南通新飞跃。

张謇故居

与世长辞　泽被后世

　　袁世凯死时，适逢欧战正紧，中国实业界充分利用了这一空隙，迅速发展起来，大生集团一时间财源滚滚而来。大生集团经济上所取得的成就，暂时弥补了张謇在政治上的失落。

　　1911年的辛亥革命推翻了满清政府的专制统治，部分地解除了束缚中国民族资本主义发展的枷锁，1914年，欧洲爆发了第一次世界大战。大战期间，列强对华商品输出锐减，资本投资大大减少，中国民族资本主义充分利用这一短暂的时机蓬勃发展起来。据估计，1912—1920年，中国本国资本主义工业在棉纺、面粉、缫丝、卷烟、火柴、电力、水泥、矿冶等行业的年平均发展速度分别为17.4%、22.8%、3.5%、36.7%、12.3%、11.9%、8.0%和9.0%。棉纺织业是这一时期发展比较迅速的行业之一。当时的棉纺织业"地无分南北，厂无论大小，大

张謇

都能获得意外的厚利。"和当时国内许多民族工业一样，
大生集团此时走上了它的巅峰。截至1921年，大生一厂

的资本增加到2,500,000两，历年纯利总额累增到11,619,
155两；大生二厂的资本增加到1,194,390两，历年纯利
总额累增到5,016,714两。源源而来的大量利润，刺激了
张謇等人扩张实业的热情。1914年张謇出任农工商总长
以后，就在海门常乐镇开始创建大生三厂，并且拟定了
建立四厂于四杨坝、五厂于天生港、六厂于东台、七厂
于如皋、八厂于南通江家桥、九厂于吴淞的庞大计划。
六厂于1919年开始筹建，但不久流产。八厂则于1920年
开始筹建。到1924年，大生一、二、三、八四个厂，资
本总额共达770余万两，纱锭共15万枚，布机共1500多
台，实力已经相当可观。为了适应大生企业扩充资金的
需要，他们从1918年开始筹办淮海银行。为了适应大生
公司的运输需要，他们又陆续筹建大达轮船公司、南通
大储栈等好几个项目。其中以大达公司最有成绩，先后

张謇故居

自置江轮7艘，代管大储栈驳轮2艘及广祥轮船1艘，开通沪扬、沪海两条航线。

此外，张謇等人还创办（或协助创办）了大昌纸厂、通燧火柴厂，以及许多服务性的企业单位为了适应南通实业发展的需要，张謇还积极推进南通公共交通事业，到1927年时，南通的公路通车里程达到406公里，占江苏省的52.6%，约占全国的12.7%。

同一时期，张謇投资的盐垦事业也有很大发展。由于大生各厂对于棉花的需要量日益扩大，所以张謇等人从1913年开始掀起一个兴办盐垦公司的热潮。到1920年为止，他在南到长江口附近的昌泗场，北到海州以南的陈家港这片濒临黄海的300多公里的冲积平原上，先后投资了70多个盐垦公司，占有土地总面积达455万亩，投资总额共2119万元。现今盐城的大丰、射阳两县即为当时大生资本集团的下属盐垦公司转化而来。

1920年前后，张謇的事业达到了顶峰，大生资本集团在1921年全盛时期资本总额达2480多万两，成为长江三角洲以棉纺织业为核心的综合性企业集团。在巨大的经济实力支撑下，张謇身兼南通实业、纺织、盐垦总管理处总理，大生纺织公司董事长，通海、新南、华新、新都盐垦公司董事长，大达轮船公司总理，南通电厂筹备主任，淮海银行董事长，交通银行总理，中国银行董

事等职，成为中国实业界呼风唤雨的风云人物，被公认为"东南实业领袖"。

但随后情形急转直下。首先是第一次世界大战的结束，西方列强纷纷卷土重来，给中国的民族工业造成了很大的竞争压力；接着1921年淮河流域由于连续两月大雨，洪水泛滥，江苏受灾惨重，造成棉花价格大幅度上涨；1922年爆发的直奉战争，使大生主要产品——关庄布失去了东北市场；1924年大规模的江浙之战和第二次直奉战争爆发，战火一直延烧到张謇赖以生存的长江口，使本来已处于困境之中的大生资本集团更是雪上加霜。从1922年起，大生集团连年亏损。1924年，大生一厂由南通债权人张得记、顺康等九家钱庄组织的维持会接办；1925年，由中国、交通、金城、上海四家银行和永丰、永聚钱庄组成的银行团清算接办大生各厂，张謇仅保持了名义上的董事长的职位。此时，张謇已是一位72岁高龄的老人了，在这样的打击下，其心情之痛苦、抑郁，可想而知。

由于身体日衰，事业受挫，张謇在70岁以后，开始营建别墅亭榭，读书吟咏其间，领略田园风光，希望能借此摆脱烦恼。但是，一生为家事、国事、天下事操劳的他又怎能静心享受山水田园之美与宁静呢？1926年夏天，天气燥热异常，73岁高龄的张謇身体消耗极大，家人劝他到狼山西边的梅垞避暑，可他仍然记挂着许多事情。6月23日，张謇冒着暑气江风，仔细察看了10多里江堤，分析了坍江的规律，找出了险段，筹集挡浪保坍的石料，这就是张謇临终前最后惦记的事情。

从8月1日起，张謇开始遍体发烧，但次日清晨他还坚持偕同工程师视察江堤，规划保坍工程。7日，病情严重，开始请医生进行治疗。21日以后，病情危急。24日中午，这位为发展教育和实业奋斗了一生的老人永远地闭上了眼睛。

张謇是带着遗憾走的，大生集团的破产，宏伟计划的空置，都使他无法安息于九泉。但张謇给予后人的已经很多，对南通、对中国的贡献已经很大。讲到中国的民族工业，有四个人不能忘记：讲到重工业，不能忘记

张謇塑像

张謇墓

张之洞；讲到轻工业，不能忘记张謇；讲到化学工业，不能忘记范旭东；讲到交通运输业，不能忘记卢作孚。当代著名学者章开沅先生指出："在中国近代史上，我们很难发现另外一个人在另外一个县办成这么多事业，产生这么深远的影响。"回首历史，我们当然极容易得出：在半殖民地半封建的中国，不推翻帝国主义和封建主义的统治，想走所谓实业救国、教育救国的道路是行不通的。但是，如果19世纪末20世纪初的中国能有100个或1000个或更多的像张謇这样的知识分子，中国会怎么样呢？当然，历史是无法假设的，但当我们在思考历史上的人和事件的价值时，却又不能不假设。恩格斯说："历史是这样创造的：最终的结果是从许多单个的意志的相互冲突中产生出来的，而其中每一个意志，又是由于许多特殊的生活条件，才成为它所成为的那样。这样就有无数互相交错的力量，有无数个力的平行四边形，而由此就产生出一个总的结果，即历史事变，这个结果又可以看作一个作为整体的、不自觉地和不自主地起着作用的力量产物。"重温恩格斯的这段名言，回首张謇的人生历程，如果我们还仅简单地说："实业救国是空想。"那显然是就是大错特错了。胡适说："孙文、袁世凯、严复、张之洞、张謇、盛宣怀、康有为、梁启超——这些人关系一国的生命，都应该有写生传神的大手笔来记载他们的生平，用绣花针的细密功夫来搜求考证他们的事实，用大刀阔斧的远大见识来评判他们在历史上的地位。"他评价张謇说："张季直先生在近代中国史上是一个很伟大的失败的英雄，这是谁都不能否认的。他独力开辟了无数新路，做了30年的开路先锋，养活了几百万人，造福于一方，而影响及于全国。终于因为他开辟的路子太多，担负的事业过于伟大，他不能不抱着许多未完的志愿而死。这样的一个人是值得一部以至于许多部详细的传记的。"胡适的话是精彩的，但远未能概括张謇全部的价值和意义，特别是在知识分子怎样走出象牙塔，服务于社会、报效国家这一特殊方面。张謇的品德、言论、行为中有太多值得我们今天好好思考和认真汲取的内容。

张謇瞬间特写

大生纱厂办成后的心情

至江宁，新宁（指刘坤一——引者）拱手称庆。（张）对之曰："棉好，地也；机转，天也；人无与焉。"（刘）曰："是皆君之功。"（张）曰："事赖众举，一人何功。"（刘）曰："苦则君所受。"（张）曰："苦乃自取，孰怨。"（刘）曰："但成，折本亦无妨。（张）对曰："成便无折本可言。"（刘）曰："愿闻所持之主意。"（张）曰："无他，时时存心成之心，时时作可败之计。"（刘）曰："可败何计？"（张）对曰："先后五年生计，赖书院月俸百金，未支厂一钱；全厂上下内外数十人，除洋工师外，一切俸给食用开支，未满万金耳。"新宁俯肯拊掌，嗟叹久之。

反对袁世凯称帝

张謇初任熊希龄内阁农商总长职务时，与这个"第一流内阁"的其他阁员一样，对袁世凯抱有幻想。然而，经过不长的时间，他们就发现情况不妙。

1913年11月4日，袁世凯就下令追缴国会中国民党议员的证书，使国会因达不到法定人数而自动休会。时值张謇到任不久（他10月6日至京）。如果说为了统一和秩序袁世凯刚上台就策划暗杀政敌，随意撤换内阁还情有可原的话，一当上正式大总统宝座，就下令解散国民党，最终解散国会，张謇等追求民主政治的阁员就感到不寒而栗了。

袁世凯对国会开刀，首当其冲的是进步党。当国民党在国会占据优势时，国会成为限制袁世凯权力膨胀的制衡机构，并为国民党组织责任内阁提供立法保障。当时进步党及其舆论工具拼命攻击国会，指责国民党议员实行"暴民专政"云云。"二次革命"中，国民党议员内部激烈分化，许多人被袁世凯收买，在国会的势力已全面崩溃。此后，进步党左右了国会，他们转而成为国会维护者，企图通过国会来扩大自己的政治势力，其中，也确有民主共和理想追求者在极端不利的条件下与袁世凯的专制独裁行径做有理有节的合法斗争。

11月4日，进步党人得知袁世凯下令取消国民党170余名"从乱"议员资格后，感到覆巢之灾即将来临。梁启超与张謇连续几天紧急磋商保存国会的对策。11月7日，张謇、梁启超一道谒见袁世凯，提出"维持国会"的建议，请总统府电令各省立即送候补议员到京，以补足国会开会法定人数。但是，他们不明白，袁世凯要建立专制独裁统治，岂能容忍任何立法、代议机关存在？他取消国民党只是第一步，他接着便要取消进步党，解散国会，最终铲除民主共和体制。1914年1月10日袁世凯又使用借刀杀人手法，利用北洋将领和各省都督的武力威胁和强硬声明，正式下令解散国会。不久，又下令停止地方议会。梁启超等苦苦追求半生的议会制度，被袁世凯一纸命令就冰消瓦解了。更令这些名流难堪的是，熊希龄组阁时原规定为责任内阁，而袁世凯擅自所发各种摧毁国会、取缔共和制度的不合法理的命令，竟迫使享有维新志士盛名的熊希龄具署。

尽管进步党忍辱负重，委曲求全，也不能使袁世凯这个铁了心的独裁者心慈手软。他要除掉这个"第一流人才内阁"，将全部权力抓到自己手中。他利用熊希龄的手解散了国会后，马上又授意梁士诒为首的交通系利用财政问题围逼这个内阁，又指使湖南、安徽都督对熊希龄进行肆意攻击。在内外夹击下，熊希龄被迫于1914年

2月10日辞去内阁总理职务。同时辞职的还有司法部长梁启超、教育部长汪大燮。

奇怪的是，向来厌于政坛风涛的张謇，这次却没有随同熊希龄辞职。袁世凯在批准熊希龄等辞呈的同时，曾派杨士琦询问张謇是否与总理"同进退"，张謇当即答复："就职之日，即当众宣布，余本无仕宦之志，此来不为总理，不为总统，为自己志愿。志愿为何？即欲本平昔所读之书，与向来究讨之事，试效于政事。志愿能达则达，不能达即止，不因人也。"张謇这番话十分坦诚，他不是政客，他对做无用之官从不感兴趣。他只想振兴

老年张謇

经济，发展实业、教育。他就任农商总长不过数月许多事情才刚刚着手，特别是他梦想多年的导淮工程，现已提上议事日程。2月初，他刚同美国公使签订了治淮借款和约，他若辞职，这项借款也就中止了。袁世凯见他心事在此，落得做个顺水人情，将原设导淮总局改为全国水利局，由张謇兼任总裁。善始善终，竭尽全力做好每一件事，是张謇的处事原则，因此他暂未辞职。

但是，张謇对袁世凯从独裁到称帝的发展趋势，并非毫无觉察，更不是听之任之。2月17日，在熊希龄辞职5天后，张謇写信劝告袁世凯，警告他说，"解散国会，改总统制，祀天用衮冕"等行径已在国内外引起许多"帝制复活"的流言；而"近日宁、沪乱谣之多，京、津车栈之暗杀，白狼之糜烂光州数县"，又证明"内患"极可忧虑。他希望袁世凯像苏东坡所告诫的那样："操网而临渊，自命为不取鱼，不如释网而人自明也。"张謇早已认定，民主共和是不可阻挡的世界潮流。他之所以扶持袁世凯，是因为袁世凯精明强悍，能使中国走向统一、稳定，建立起已使东西方列强走上富强之路的民主共和制度。他不相信精通时事、追求维新时髦的袁世凯会愚蠢到去恢复业已被人们抛进历史垃圾堆的封建制度。但是，他又深知袁世凯其人野心勃勃，贪得无厌，怕他利令智昏，轻举妄动，干出复辟做皇帝的丑恶勾当来。

　　事情的变化证实了张謇的担心，袁世凯果然迫不及待地要黄袍加身，登上皇帝宝座。从1914年5月1日开始，他撤销国务院，改在总统府内设政事堂，将一系列管制恢复到清朝体制，帝制的丑剧已是呼之欲出了。张謇深知大局无可挽回，他不愿意成为袁世凯的臣民。因此，这年10月，他借"勘视淮灾"为名，再次请假南下；11月，他正式递上辞呈，没有得到袁世凯批准。1915年春，袁世凯与日本谈判，签订"二十一条"，彻底投靠日本帝国主义，以换取日本对袁世凯称帝的支持。张謇对此怒不可遏，再次具呈请假。袁世凯怕他妨碍"联日"外交，乐得批准他的长假，任命亲日分子周自齐署理农商总长。1915年夏，筹安会闹得乌烟瘴气，他再具呈辞职，袁世凯这次批准他辞去农商总长职务。6月6日，张謇曾给总统府机要秘书张一麐写信表明自己对中日交涉的关注：

　　"顷见报载中日交涉已启，南满将如香港，为永远租界。中外土地利害关系，辟为公共市场，利多害少；永远租界，则利少害多。今所定者，不知何属，究以永远租界论，又不知所指之区域四至何在？租期又是几年？……遥度现势，似北满受逼之形尚不在近。然亦有扎硬寨打死仗之决心。且非用社会名义不可，而又非得政府毅力主持一切为之后盾不可，非仅不掣肘所能济事也。"

　　这封信表达了张謇反对对日退让，主张对日交涉要"扎硬寨打死仗"的强硬外交政策。张謇的书生气，不免为袁世凯窃笑。

　　同年7月，因张謇尚未辞去全国水利局总裁职务曾一度入京。当时，袁世凯称帝之呼声甚嚣尘上，刘师培等吹鼓手甚至想拉张謇进入筹安会。饱经政海风涛的张謇，眼见这场复辟闹剧要引发一场举国一致的反袁风暴，他断然拒绝与筹安会"六君子"同上贼船。8月14日，筹安会公布发起宣言。两天以后，张謇再次请假，南下以后，正式辞去全国水利局总裁及参政职务，彻底斩断与袁世凯的一切联系。

张謇题写的寺名

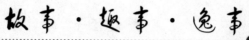

故事·趣事·逸事

不占公款

1883年农历正月十五日，张謇经赴朝平乱磨炼，凯旋而归，过第一个春节后，壮志满酬，为居室题"壮复斋"，日记中记下"志三十后努力自新也"。四月十五日奉吴长庆之命二上朝鲜抵汉城（今韩国首尔）吴营中，仍不忘刻苦学习，挤时间练字，读《诗经》《周礼》，撰读书札记。因上年朝鲜爆发"壬午兵变"，张謇受朝廷之命随吴长庆赴朝平乱，张謇运筹策划，一举全胜，表现出一介书生所难得的干练才能。他还主张三路出师，征伐日本，乘势归复为日本所侵占的琉球，并写有《朝鲜善后六策》，高见震动朝野。吴长庆对建策速定其乱者张謇，曾有酬赏三千之诺言，故吴托人寄银1000两至常

乐。而张謇认为自己赴朝平乱保家卫国乃为公也，吴此做法有违公意，所以再三声明作为无息贷款，暂度家贫之急。日后果悉数归还。

严处侄子

张謇不谋私利，不徇私情，对亲属决不护短，姑息养奸。凡有吸（毒）喝嫖赌、仗势欺人、无理取闹等不规者，必受家训、家法严厉处罚。

张謇对两个侄子特别关注。因自己长期没有孩子，其中一个还有嗣为儿子之意。但他们喜欢吃喝玩乐，游手好闲，赌博成性，张謇多次找其谈话教育，却仍屡教不改，张謇恨铁不成钢，才将嗣儿之事作罢。可他们不仅不改，反而变本加厉，故在百姓中流传有"仗了张三吃白四"之言。

长房侄子念祖仗势欺人，作恶甚多，妨碍乡民。1916年农历正月初一至敦裕堂宅肆蛮无礼。初二，张謇给海门县知事写信，令警所送念祖于海门习艺所管教改造。初三，许聘三来，知道张謇送押念祖，盛赞此事必令镇人称快。但张謇对念祖的2个儿子仍安排上学，一个女儿由承祖抚养之。

长房侄子承祖，自恃叔父张謇状元的声望，不仅在本地胡作非为，竟胆大妄为闯至崇明县闹公堂。知县碍于张謇，不敢得罪承祖。但因知张謇为人清正，不徇私情。崇明知县小心翼翼地将此事禀报张謇，张謇闻讯，明告知县："依法惩处。"

张謇严处二侄，为民除害，周围群众奔走相告，对"张四先生"秉公办事，不徇私情，无不称颂。

由于张謇处处以身作则，管教家人极严，敢从自家人先开刀，故威信不言自高。所以周围谁也不敢违法乱纪，有纠纷闹事，只要"张四先生"出来一句话，谁都听从。

改进作风

张謇勇于修改旧的规章制度，把封建衙门式的盐垣等所有病商病丁之弊，力为革除，以调动盐民生产、交售和投资人的积极性。制定了《整顿通章》《整顿垣章禀场立案文》及银钱、修理、垣友、书禀、灶友、治下、雇工、头长、煎丁等专章，第一条开章明言："盐业为商务之一，凡执事人概称先生，不得沿老爷之旧。"《灶友专章》首条是："灶友下灶，雇有常车，不得乘轿，不特节费，亦防惰习。"《书禀专章》规定"写信不用客套，

只叙实事。"以改变作风、文风。

打铁必先自身硬，张謇身先士卒立榜样。1894年高中状元回家，人们都改口称他"张状元""张大人""张殿撰"，他感到浑身不舒服，十分认真地说："别改口称呼。还是原来怎么叫就怎么叫的好。"于是，人们都仍叫他"张四先生"。他来回于常乐与通海垦牧公司、二厂，或上海回来从三和港上岸到二厂、公司，都是步行或乘独轮小车，从不坐轿子。到达垦区荒滩，常坐牛车下去察视。

张謇一贯主张轻车从简，反对兴师动众的迎来送往，拦路扰民。几次去常熟、无锡为恩师翁同龢、赵菊泉扫墓，当地文武百官闻讯，上车站、码头迎接，都被张謇一概谢绝，悄悄入住。

接受监督

张謇不追逐名利，不图升官发财，一心只为救国救民而弃官还乡从事实业教育、地方自治、建设模范县。因而他十分注重廉洁奉公的制度建设，无论是办垦牧公司、盐业公司、大生纱厂，还是办学校、养老院等，他都紧紧抓住规划设计、选人用人、资金筹集、制度建设四大环节。而且常常亲自动手制定各项规章制度，十分详尽、周全、实用、严格。为自己办的几十所学校都针对性地制定、书写校训。所办实业，财务上每年定期组织审计，向股东大会公布，自觉接受民主监督。还时常亲自查账核对，谁也不敢乱来。

张謇的常乐镇老乡、同学黄士高，原是张府门馆，为人忠厚，善强记诗、传，能背诵《康熙字典》，还有一手写方块字似铅字的绝技，张謇称他"两脚书橱活字典"，故函电公文由其誊写、校对居多。后转入南通师范任教兼任舍监。学校规章制度由校长张謇亲订，教导主任于敬之，顾公毅负责教育，舍监负责执行监督制度，黄士高执纪十分严肃认真。有一次张謇到校了解教育情况，听取于、顾及几个教师汇报，大大超过了熄灯时间，黄挨屋进门去将灯熄灭，并对张謇说："这个规章制度是

你订的，你们自己不遵守，下边的事就不好办了。"汇报工作就此停止。事后大家都批评黄士高太没有礼貌了。到了学期结束，按惯例开会讨论调整教师、任课时，于、顾两人认为黄太固执呆板，不懂人情不通世故，特别是对张謇太不尊重了，提出对黄士高不可再任用，大家也一致同意。张謇听到后发表了不同看法："黄士高为人不能圆通活变，十分呆板是其所短，但也有长处，就是尽忠守则，对工作负责，这一点上大家都要向他学习，这就是取长补短呀！再说制度既订，学生、老师、校长也都该一样遵守。"由此黄士高仍被留用。

适然亭

张謇夺魁之后，昔日的同窗好友于南通建造一亭，取名"果然亭"，寓意"功夫不负有心人，果然功名到手"。可后来修葺时，张謇自改为"适然亭"，暗示着不在沽名钓誉上下功夫。

屈身求借

为了大生纱厂早日开工，张謇不惜屈身向一切愿意赞助的人求借，而且不论多少。唐家问有家杂货店，拿出20块钱入股，张謇很高兴地收下。有位老奶奶仅6块银圆，怕状元公嫌麻烦。张謇看出老人的真诚情意，连连作揖，感谢她的支持。

捍卫民族尊严

民国初年，由张謇积极倡导，为南通地区在明朝嘉靖年间抗击倭寇、保家卫国的民族英雄曹顶塑了一尊跨马提刀、威风凛凛、气度非凡的铜像。一次，有几个日本人游至曹顶祠前，看到这尊塑像，心中感到不快，特意向张謇提出，以一笔巨款买回去。张謇兴办实业，经济上很需要资金，但对此等关系国家尊严的大事却毫不苟且。他面带笑容婉言回答说："各个民族有各自倡导的精神，各个国家有各自的尊严和骄傲。我们尊重日本兄弟的崇尚和习惯，亦望朋友以同等态度以对我。"几个日本人听罢面面相觑，不再开口。

悔！悔！

张謇中了状元后，颇自负。他闻说康有为善对对子，很有些不以为然，一日见了康有为，便徐徐吟出一联来："四水江第一，四方南第二，先生来自江南，是第一还是第二？"吟罢暗喜，想康有为未必能工对。哪知康有为很

快便悠悠地念出了下联："三教儒为首，三才人居后，小子本为儒人，不敢居前不敢居后。"张謇一听始知康有为确有真才，不由得心悦诚服，连说"悔！悔！"

板子头上出状元

有一次，张謇与儿子的老师一起吃饭。刚入座，他就对塾师说："您教书教得好，科举考试却不顺利，我替您查到了原因，恐怕是因为屁股没有红肿的缘故。"塾师吓了一跳，心里很不愉快。张謇却自顾自说下去："先生不要不高兴。您没有听说过'板子头上出状元'的话吗？我小时候喜欢登山远眺，一玩就是一天。老师骂我逃学，每次都要我脱下裤子打屁股。如果算个账的话，挨打的板子数目恐怕比庚子赔款还要多得多！"

张謇书法

张謇的幽默

袁世凯一心想要做皇帝，张謇苦口相劝。袁世凯说："我做皇帝你们反对，找一个明朝皇帝的后裔来做皇帝，你们就不会反对了。"

张謇笑着说："这样一来，现在做官的总长朱启钤、将军朱瑞、巡按朱家宝，唱小生的演员朱素云，唱青衣的演员朱幼芬，唱武旦的演员朱桂芳，都有做皇帝的资格啦！"袁世凯只好说："你这人真幽默！"

状元的机智

相传，张謇中了状元之后，苏州知府王某很是不服。

一日，张謇到苏州游玩，正巧遇到苏州王知府。他们一起饮酒作乐。席间，王知府道："通州是个偏僻的地方，张先生能考中状元，岂不有点偶然？"张謇笑着说道："堂堂通州，自古人杰地灵，物华天宝，上至八十岁的老翁，下至五岁的小孩，无不通文能诗，擅长书画。我张謇考中状元，岂有偶然之理？"

过了数月，王知府来到南通微服私访。他来到南通的文峰塔下，忽见迎面跑来一个小孩，赶忙拦住小孩说道："小娃子，我出个对子你对对怎么样？"说着，王知府指着文峰塔说出了上联："独塔巍巍四面五层六角。"那小孩一听，太难了，连忙摇摇手跑走了。

王知府再次见到张謇时，把上面事情一五一十地告诉了他，最后问道："张先生，你不是说通州无论老少无不通文能诗，这事该如何解释？"

张謇一听，知道王知府是借机报复，但他慢条斯理

地说道："王先生，你不明白，我们通州人擅长哑对，就像猜哑谜一样。那个小孩把手摇摇，实际上已经对了一个绝妙的对子。"

王知府莫名其妙地问道："对了什么来着？"

张謇伸出左手，边摇边说："孤掌摇摇五指三长两短。"

王知府听罢，对张謇的机智和学问心悦诚服，拍手叫道："高！高！状元公果然才高八斗，通州果然人才辈出啊！"

艰苦耐劳

张謇弟兄5人，以农耕及靠父亲串乡收破布兑糖换钱度日。他从小体贴父母，热爱劳动，经常跟着三哥下田干活，从不叫苦喊累，即使是中了秀才和举人后都是这样。当时，有钱绅士华服翩翩，而张謇夏天只有一件旧沉香蓝袍，冬天只有一件棉套。他认为"穿得绸儿缎儿有何用？要考得好，做得事，才算光荣"。他将"艰苦耐劳"四字作为一生的座右铭。

当以劳死，不当以逸生

张謇从小一边求知一边养德，24岁时，因家境艰难，外出谋生，后由老师推荐于庆军中做幕僚。他立下了"此后之皮骨心血，当为世界牺牲，不能复为子孙牛马"；"当以劳死，不当以逸生"的鸿鹄大志。

学问高深，不看对象

张謇在大生纱厂缺少周转资金时，经常上街卖字。由于他是状元，所以买字的人很多。写的内容一般由张謇根据求字者的用途自撰。张謇读的古书太多，所撰对联太雅，有时引起一些不必要的误会。有一次，有一富翁新构华屋，以八尺珊瑚金笺求张书。张为书：

庭兼唐肆难求马
室类尸乡爱祝鸡

下联"尸乡"，"祝鸡"乃《列仙传》仙人故事，"尸乡"乃仙乡之名。岂知富户财多识陋，看到"尸乡"二字，勃然大怒，认为有意侮辱，立将联字扯得粉碎，掷于案上，扬长而去。

才子佳人的故事

才子配佳人是中国戏文里常见的故事。在张謇身上有没有这样的故事呢？可以说有，也可以说无。

远在中状元之前，张謇就有了一位贤惠的徐夫人。但由于没有为张謇生下子嗣，徐夫人先后多次亲自出面，为他选纳了四位妾。一妻四妾，在普通人看来称得上是心满意足了。可是在张謇的心中，始终隐藏着一份遗憾。这份遗憾是江南才女沈寿带给他的。

沈寿原名沈雪君，江苏吴县（1995年撤销）人，自小跟姐姐学习刺绣。她心灵手巧、悟性极高，在她17岁的时候，被许配给了当地的一位举人余觉。婚后的沈寿和余觉共同研究刺绣艺术。1904年10月，沈寿和余觉在慈禧太后七十寿辰的日子进贡了《八仙上寿图》和《无量寿佛图》两幅绣屏，深得慈禧欢心。慈禧大笔一挥，赐给沈雪君、余觉夫妇"福""寿"两个大字。于是沈雪君便改名为沈寿。在1915年的巴拿马万国博览会上，沈寿绣的耶稣像荣获金奖，当时被人誉为"绣圣"。刘海粟在看到沈寿的《蛤蜊图》以后，曾赞叹道："中国第一个画素描的应该是沈寿。她是以针代笔，用针画出来的素描。"

1912年，清帝退位，沈寿到天津自立门户，成立绣工学校，靠传授绣艺维持生活。这时，久闻沈寿盛名的张謇便把她请到南通任女工传习所所长，为自己的实业培养刺绣人才。

在事业上，沈寿是很成功的；但是她在婚姻上却非常不幸。沈寿体弱多病，再加上专心刺绣，养成了她清心寡欲的性格。而余觉呢，却是个风流才子，难耐寂寞。当沈寿难以满足他的欲望后，他一连娶了两房姨太太。生性好强的沈寿无法容忍，两人的夫妻关系名存实亡。

沈寿到了南通后，张謇与沈寿心灵相通，非常谈得来，很快两人就成了心心相印的知己。张謇对沈寿的关爱与呵护，超越了一般的雇佣关系：沈寿多病，他经常亲伺汤药；沈寿外出，他又心急上火，生怕沈寿累坏身体。为了把沈寿的刺绣技艺发扬光大，张謇动员沈寿写一部刺绣的书，并且亲自帮沈寿记录整理。《绣谱》完成后，张謇亲自作序。序中写道："积数月而成此谱，无一字不自謇书，更无一语不自寿出也。"张謇多次在日记里面写："一日不见雪君，总感觉到有一些什么事没做。"

为了提高自己的文学素养，沈寿在病中向张謇学诗。沈寿学得很快，两人很快就能互相唱和了。张謇在给沈寿的诗中用"比翼鸟""比目鱼"和"鸳鸯"这些情人间常用的词汇大胆而直露地表达了自己对沈寿的爱慕之情。

而沈寿惧怕外间悠悠之口，在诗中写道："本心自有主，不随风东西"，可见在内心也是真心爱慕张謇的。沈寿长期卧床养病，后来她开始慢慢地掉头发。她当时正住在张謇的一所叫"谦亭"的别院里，于是就收集自己掉的细柔的长发绣张謇的手迹"谦亭"两字。落发不够用，她就用剪刀剪下自己的头发，以此绣品含蓄地表达了自己内心的情感。张謇看到这幅绣品，专门做了一首诗。诗是这样写的："感遇深情不可缄，自梳青发手掺掺，绣成一对谦亭字，留证雌雄宝剑看。"

1921年6月，在与张謇神交9年后，沈寿与世长辞，时年48岁。年逾古稀的张謇扑倒在沈寿的遗体上号啕大哭，老泪纵横。沈寿去世后，张謇按照她的遗愿把她安葬马鞍山南麓，以便她能望见长江和苏南家乡的土地。墓门石额上镌刻着张謇的亲笔楷书：世界美术家吴县沈女士之墓阙。墓后立碑，碑的正面镌刻着张謇撰写的《世界美术家吴县沈女士灵表》，碑的背面雕刻着沈寿的遗像。

这就是张謇和沈寿之间"发乎情、止乎礼"的一段不是爱情，胜似爱情的才子佳人的故事。

张謇的陪葬品

1966年8月，一些人打着"破四旧"的旗号，挖开张謇坟墓。当年外界一直谣传棺内有大量殉葬的珍宝，但是开棺后仅发现礼帽一顶，眼镜一副，折扇一把，另有一对金属小盒，一只内装了张謇出生时的胎发球，另一只内装了张謇的一颗尽根牙。这就是这位状元资本家所有的陪葬。

中国早期现代化的前驱

張謇

1853—1926

张謇塑像

众说张謇

张季直先生在近代中国史上是一个很伟大的失败的英雄，这是谁都不能否认的。他独力开辟了无数新路，做了30年的开路先锋，养活了几百万人，造福于一方，而影响及于全国。终于因为他开辟的路子太多，担负的事业过于伟大，他不能不抱着许多未完的志愿而死。

——胡适

南通者，教育之源泉，吾尤望其成为世界教育之中心也。

——杜威

急难忆良朋，伤心鸿雁分行，风雨曾无相并影；
解悬辜大愿，回首龙蛇起陆，乡关犹有未招魂。

——黎元洪

通州是一个不靠外国人帮助、全靠中国人自力建设的城市，这是耐人寻味的典型。所有愿对中国人民和他们的将来做公正、准确估计的外国人，理应到那里去参观浏览一下。

——戈登·洛德

张謇似乎是一个结束两千年封建旧思想，最最殿后，而值得注意的大人物，同时亦是走向新社会，热心向社会服务的一个先驱者。

——刘厚生

今者于中华国家，不问朝野，为开发中华抱一志愿而始终不改者，殆无一人。惟公独居南通之地，拥江北之区域，献身于实业之振兴，尽心于教育之改革，卓举效果，此世人之所以称伟也。

——驹井德三

如果研究中国近代经济发展是怎样进行的，就要研究张謇，因为他是现代中国企业家中伟大的先驱者。

——野泽丰先生

张謇先生经营的南通，堪称中国近代第一城。

——吴良镛

在中国近代史上，我们很难发现另外一个人在另外一个县办成这么多事业，产生这么深远的影响。

——章开沅

张謇感动中国……而且其影响持续之久，事业经营之难，泽惠地区之广，都为时人所难以企及。

——章开沅

崛起于新旧两界线之中心的过渡时代之英雄。

——梁启超

物则棉铁，地则江淮，盖其自任天下之重如此，远处着眼，近处着手，凡在后生，宜知勉矣。

早岁文章，壮岁经济，所谓不作第二人想非耶；孰弗我有，孰是我有，晚而大觉，尚可憾乎。

——黄炎培

状元办厂，是张謇一直被传为美谈的盛事。但单说这一点自然远远不够。当时，状元办厂并不只有张謇一人，苏南的陆润庠也是一个。但陆润庠几乎已被人遗忘，就是研究中国近代史的学者也很少提及。张謇就不同了，他确有许多独到的地方。

——金冲及

张謇是近代中国实业救国的领军人物，是中国经济现代化的前驱。同时，他也是近代中国制度化发展进程中的关键人物。

——樊刚、姚勇

（张謇）是一位多方面的历史人物。从社会活动方面说，他是政治家，社会活动家，实业家，也是教育家；从社会地位方面说，他是官绅阶层，也是民族资产阶级；从他的事业给予社会的影响方面说，他是改革家，也是开拓者。

——茅家琦

张謇"实业救国、教育救国"的基地在南通，但其影响和意义是超越地区和时代的。

——王光英

讴思淮海三千里，关系东南第一人。

——王毓祥

张謇言论选粹

窃维环球大通，皆以经营国民生计为强国之根本。要其根本之根本在教育。

欲求学问而不求普及国民之教育则无与，欲求教育普及国民而不求师则无异。故立学校须从小学开始，尤须从师范始。

道路交通为文明发达之母。

交通利，则商农事业、文化灌输无一不利。

进德之积兮，则不在与世界腐败之人争闲气，而力求与古今上下圣贤豪杰争志气。

一个人办一县事，要有一省的眼光，办一省事，要

有一国的眼光，办一国事，要有世界的眼光。

今日我国处于列强竞争之时代，无论何种政策，皆需有观察世界之眼光、旗鼓相当之手段，然后得与于竞争之会。

学术不可不精，而道德尤不可不讲。

爱国当先爱身，爱身当先爱学，爱学当自爱其可贵之光阴。

夫勤者乾德也，乾之德在健，健则自强不息。俭者坤道也，坤之德在啬，啬则俭之本。

有勤而不必尽苦者，未有苦而不出于勤者。

愿成一分一毫有用之事，不愿居八命九命可耻之官！

凡事不能通于齐民，不能无阻；凡利不能及于妇孺，不能大有功。

上溯三代，旁考四洲，凡有国家者，立国之本不在兵也，立国之本不在商也，在乎工与农，而农为尤要。盖农不生则工无所作，工不作则商无所鬻，相因之势，理有固然。

实业之命脉，无不系于政治。

政治能趋于轨道，则百事可为，不入正轨，则自今以后，可忧方大。

实业、教育二事有至密至亲之关系。

实业教育，富强之大本也。

国所与立，以民为天；民之生存，天于衣食；衣食之源，父教育而母实业。

夫课程之订定，既须适应世界大势之潮流，又须顾及本国之情势，而复斟酌损益，乃不凿圆而枘方。

水旱之灾在天，而防护责任在人。

天幸不可屡邀，人事终于必尽。

治水必资学识，然后可成计划，有计划然后可冀效果。学识不足，则计划不能正确，即效果不能良善也。

治百里之河者，目光应及千里之外；治目前之河者，推算应在百年之后。

实业亦必有的。……所谓农工商者，犹普通之言，而非所谓的也。无的则备多而力分，无的则地广而势涣，无的则趋不一，无的则智不集，犹非计也。的何在？在棉铁，而棉犹宜先。"

钢铁事业为各种工艺之母。

欲兴实业而无制造农工器之铁，则凡营一事，无一不需购自外洋，殊非本计。

中国须兴实业，其责任士大夫先之吾财用缺乏，则取之于外国；吾人才缺乏，则取之于外国。彼以其资本、学术以供吾之用，吾即利用其资本、学术以集吾事。"各国之兴大利、除大害，无一不借外债。亡不亡，视用债还债如何，而不在借不借也。

　　必政府与国民均有用债之能力，而后可以利用之以为救时良药，否则饮鸩自毙，势必不救。

　　人皆知外洋各国之强由于兵，而不知外洋之强由于学。夫立国由于人才，人才出于立学；此古今中外不易之理。不蓄而求，岂可悻致？

　　国待人而治，人待学而成。必无人不学，而后有可用之人；必无学不专，而后有可用之学。

　　苟欲兴工，必先兴学。

　　一国之强基于教育。

　　所谓大学者，养成可以为官之国民，不必尽为官也。……与其得多数无意识之官，不如得少数有意识之民。

　　家可毁，不可败师范。

　　世界的进化、国际的竞争，中国要富强，绝不是旧理论、旧法子可以办得到的。

　　中国恐须死后复活，未必能死中求活，求活之法惟有实业、教育。

　　有礼教有学问之国，即亡亦必能复兴。

　　地方自治云者，人各有其地方，人各有一治，先明白自何事，地方何在。欲治与否，则在各人。如果欲治，自一人一家一村一镇始，治之而已。国无大，一家无小，视吾力所能，大不足矜，小不足馁也。

　　地方果人人执自治之心，实不必依赖省长。今日之省长即贤，亦恐其无救济民生之力；不贤也，我更不必萌望空祈祷之贪痴。

国家之强，本于自治。自治之本，在实业、教育。而弥缝其不及者，惟赖慈善。

失教之民与失养之民，苟悉置而不为之所，为地方自治之缺憾者小，为国家政治之隐忧者大也。

事有所法，法古，法今；法中国，法外国。亦不必古，不必今；不必中国，不必外国。

不歆人之高且大，不慕外之新且异，不强人以就我，

张謇

不贬我以就人。

惟事贵有恒，非一蹴可及，得寸积尺，得尺积丈，各本固有之地位，以谋发展之机会，必能有济。

为众谋利者，士之责也。

张謇大事年表

1853年,7月1日诞生于海门常乐镇,弟兄排行四,乳名长泰。

1856年夏,通海地区遭蝗灾,父母说:此害人物！听后棒击飞蝗。

1857年春,能背诵《千字文》,入私塾从读于邱畏之先生至十岁。幼年起名吴起元。

1867年,从读于南通西亭宋璞斋先生,至十八岁。

1868年,因"冷籍不得入试",经宋璞斋介绍,认如皋张姓为父,入如皋籍,取名张育才。初次参加州试,名次远在百人之外,受宋璞斋斥责。后奋发自砺,当年秋中秀才,学业大有长进。

1871年,从读于海门训导署赵觉泉(无锡人)。如皋张姓贪索钱不成,向教谕及训导诉讼,张謇被传令到如皋县衙,关押于学官,幸亲友相助获释。

1873年夏,经礼部核批,准予归籍通州。应孙云锦之聘,任江宁发审局文书。

1876年,在浦口淮军统领提督吴长庆幕中任职。后随庆军至山东登州。

1879年夏,科试得第一名(贡元)。秋,三院会考得第一名。夏历十一月十八日,母金氏卒。

1882年,朝鲜发生"壬午兵变",随庆军赴朝,两年后回国。在朝鲜时,代吴长庆草拟"关于时局的条陈"(即朝鲜善后六策),受到国内朝野推崇。

结识朝鲜名士金沧江。

1885年，第六次参加顺天府考试，中南元(第二名)。

1886至1891年，掌教于赣榆书院、太仓娄江书院、崇明瀛洲书院；修太仓、赣榆县志；担任过开封府孙云锦幕僚。

1892年春，第四次会试落第，翁同龢挽留管国子监南学，毅然谢绝。八月，被邀往海门，定志图。在常乐建扶海宅楼。

1893年春，常乐柳西草堂动工。秋，与海门王丞(宾)讯，请禁海门乡民传种罂粟，并为其作禁罂粟示。

1894年春，适逢慈禧太后六十大寿，加一次开科取士，称"恩科"。张謇奉父命赴京应试，初中六十名贡士，复试第十名。5月26日，殿试以河渠、经籍、选举、盐铁诸策，全引《朱子》答对，中一甲一名。5月29日，光绪帝御太和殿传胪，按清廷惯例，新科状元张謇被钦授为翰林院编修。7月，为日军侵朝事，数次上书翁同龢。10月初，因北洋水师在对日舰作战中惨遭败绩，特上奏朝廷，指出"原祸始于防患不足，将来请去北洋"。

1895年2月，为海门王司又拟"防务章和"；张之洞奏派张謇"总办通海团练"。5月，得知中日签订《马关条约》，认为条约"几尽中国之膏血"，十分痛惜。在海门见"台湾人民布告天下"之文，对日军侵占台湾，甚感愤怒。夏，始议海门垦辟荒滩事。11月26日，得梁启超电报，约共兴强学会。

1896年春，受张之洞聘任，离常乐赴江宁(南京)主文正书院。秋，答复海门、泰兴、如皋三县教习乐舞一事，拟有"海通泰如合习乐舞议"。

1897年春，同沈燮均、刘桂馨等抵上海同潘鹤琴、郭茂之商议，决定集资办通州纱厂。应张之洞邀请，去武汉参观铁厂。

1898年春节，为常乐社仓拟写章程三十条。2月8日，生子怡儿(即张孝若)。春，刘坤一将张謇所拟垦荒事入奏朝廷，续拟垦牧章程。筹备通州纱厂及垦荒事，给刘坤一呈寄"变通开垦海门荒滩奏略"。5月，离家赴京。6月13日，为翁同龢拟"大学堂办法"十二条。6月15日，慈禧将翁同龢开缺回籍。至7月张謇欲辞让其担任的大学堂教习一职，返回原籍。9月，刘坤一照会张謇，让其总理江苏商务商会。

1899年春，去无锡参观杨宗濂等人创办的业勤纱厂。5月，创办的大生纱厂开车，召集有关人士观看出纱。10月，为大生纱厂拟订厂约。

1900年春,刘坤一为大生纱厂自办轮船运输立案,后张謇创建大生轮船公司。夏,上书刘坤一,认为招抚义和团应"开诚布公,昭示威信,不可使疑,不可使玩"。八国联军由天津进犯北京,张之洞、刘坤一等督抚,合施"东南互保",张謇又写信给刘坤一,请朝廷派兵"内卫外侮"。与海门王宾同知商议训练团丁;蝗虫从北侵入海门,写信给王同知,请出捕蝗告示,常乐社仓可"以麦一升,易蝗一斗"。秋,至东兴、吕四海滨察看,认为那里有可垦之地千顷,并可开办油厂、糖厂、畜牧等;同海门王同知商议,借河工存款疏浚青龙港,王答应"刘宋河款永为青龙港工用"。冬,巡视东兴、吕四海滩;作通海垦牧公司章程,并向刘坤一呈垦牧初议。

1901年3月,力持中俄合约不可签。呈刘坤一"变法平议":吏、户、礼、兵四科三十四条,刑、工二科八条。春夏之交,勘视丁荡三十总,定垦牧集股章程。7月,从江宁去武汉谒见张之洞,交谈甚多,认为"惟小学校必可立"。江苏发大水,常乐扶海宅中可用小舟渡人。12月初,通海垦牧公司开工,亲临工地指挥。

1902年春,垦牧公司继续开工,是年闹饥荒,设法为民工买粮并为吕四办豆饼赈助银圆壹百。赴宁,与罗振玉谒见刘坤一,提出创办师范。因受阻,后决意自立师范,校址拟利用南通千佛寺。冬,周视垦牧各堤。

1903年5月21日,东渡日本,考察农、工及市町村小学校等,至7月底返回,历时70天,著有《东游日记》。秋,首创的南通师范学校开学,率领学生在学术礼堂举行开学典礼。这一年,与外地商绅合资创办"大达内河小轮公司",张自任经理。

1904年春,提出寻常小学校的布置、规则等事,订家塾章程。常乐家塾开学。当时有学生十名(七岁五人,十岁四人,十一岁一人)。4月,清廷授其三品衔,作为商部头等顾问官。5~6月,为张之洞等起草《拟请立宪奏稿》,表达了他想以立宪复兴华夏的政治主张。7月初,翁同龢逝世,撰写挽联。秋,定常乐公立初等小学校。农历腊月,定私立初等小学校于常乐家庙东。

1905年4月,同许鼎霖去清江,筹建宿迁玻璃厂;又去徐州察看煤矿。6月,开办苏通海五属学务公所。冬,为通师首届乙班简易科及讲习科的毕业生颁发文凭;开始筹建南通博物苑。从这一年起,开始修造公路,坚持不懈地致力于这一有益于民众和实业的事情,体现了他"道路交通为文明发达之母"的思想。

1906年2月,夫人徐氏定办私立第三初等小学。3月,去扬州,与扬州学会谈创建中学、师范事。夏,为建通州储蓄银行演说;商办的苏路公司成立,张謇任协理;沪宁铁路通车,乘坐试发车从上海抵南京。11月,与海门同知梁孝熊、通州知州恩芳等至垦牧公司复勘通海分界。12月,预备立宪公会在上海成立,郑孝胥为会长,张謇被推为副会长。这一年,天生港轮步公司成立,大大便利了南通的客货运输。

1907年5月12日,在南通主持召开模范运动会。夏秋之际,纱厂农场引种美棉获得成功,质量优于种棉。

1908年4月26日,夫人徐氏因病去世。冬,江苏谘议局筹办处成立,至筹办处开会;被推为江苏教育会会长。

1909年5月,江苏谘议研究会开会,二百三十余人参加,得一百九十六票,当选会长。9月,谘议局开会,与会九十五人,用决选法,得五十一票,当选为议长;商议联合奉、直等十四省咨议局,组织责任内阁。冬,奖励通海垦牧公司佃农四十余人,并给他们演说垦地自治的意见与办法。

1911年春,在南通自治公所大会上,就教育问题进行演说;在垦牧公司演说垦牧历史。5月11日,在常乐扶海宅中为全国农务联合会杂志作发刊词。5月底,被沪津粤汉四省商会代表推举入都,向朝廷呈报聘美团和中美银行、航业事。途中于河南彰德访袁世凯,"共论淮水事"。至6月中旬抵京,晋见摄政王载沣,陈说外交、内政大事,受称誉。6月25日,被学部任为中央教育会会长。7月,去东北参观农事试验场、学校、铁道,俄国人办的糖厂等,历时半月。9、10月间,去武汉,租办的武昌大维纱布厂开机,决定该厂办事人的权限职责。10月10日,武昌起义爆发。10月14日,从武汉至江宁,见驻防将军铁良,动员铁良奏请清廷"速颁行宪法之谕"。11月13日,在上海教育总会召开组织临时议会。11月17日,报载张謇被派为江苏宣慰使。12月4日,剪去辫发。

1912年1月1日,孙中山在南京就任临时大总统,宣告中华民国成立。1月2日,被新政府推为实业部总长。1月3日,与孙中山在南京谈论政事。1月6日,与孙中山、黄兴提出,汉冶萍钢铁厂不可与日本人合资。因孙、黄无法解决经费,决定同日本人签约,张謇辞实业总长,返通。夏,规建南通医院、残废院、盲哑学校。9月,抵京,会见章太炎于贤良寺。11

月,中华民国国务院电许张謇辞江苏两淮盐政总理职务。

1913年春,规划设立南通气象台及纺织学校、公园;出银元八百建常乐女子小学。9月,创办的南通幼稚园保姆传习所开学。10月16日,抵京,出任北洋内阁工商、农林部部长。12月,被任命为全国水利局总裁。

1914年春,离京南行,同荷兰工程师贝龙猛等人复勘淮河,历时一个月后回京。7月,主持农商部颁布商人通例实施细则和公司条例施行细则,以及商业注册规则、公司注册规则;通知各省农林机关办理观测事务。9月,主持制订公司法、狩猎法、商会法。10月,南下勘视淮灾后回到南通。12月底,美国政府派植棉专家欧洛德来通,调查引种美棉的情况。

1915年2月,为南通教育、慈善须设基本产而向政府"请地十五万",得袁世凯批准。3月,率部员查勘山东、安徽林牧试验场;参加江苏河海工科学校开学典礼。5月,辞农商部长一职。8月,请假南归。 12月,袁世凯授意参政院拥戴其恢复帝制,时张謇仍请假在家,后电告政事堂,再请辞水利局总裁之职,获许。之后,张謇致力于地方实业、教育事业。

1916年春节,因侄儿念祖犯法,给海门县王知事讯,请令警察所将念祖押送于海门习艺所。3月,创办的南通残疾院开始收养残疾人49名。6月,至上海,被推为中国银行股东联合会会长。9月,创办的南通乙中农校开学。11月23日,为蔡锷(松坡)作挽联:"国民赖公有人格,英贤无命亦天心。"

1917年春,组织南通农校开露天棉作展览会,四千余农民前去观看。11月16日,为常乐高等小学学生演说。

1918年12月25日,应邀去上海参加"主张国际税法平等会"成立大会。大年三十,回常乐扶海宅,为颐生酿造厂写厂联:"有秫足供彭泽酿,如荣能表洞庭春。"

1919年4月,去青龙港视定闸地。5月,因出席巴黎和会的英、美、法三国首脑擅自决定由日本继承德国在山东所占的一切权利,张謇致电总统,请让出席巴黎和会的中国专使不签约。7月,决定创办大生三厂,地址选在常乐南八里许,破土动工。9月,创办的工商补习学校和交通警察养成所先后开学。11月,筹建南通蚕桑讲习所。

1920年春,为盐业事去扬州,盐城;至东台,规视母里师范校地。

1921年4月,创办的淮海银行海门分行开业。秋,因风雨水涨,赴扬

会韩国钧勘河，会同高邮、宝应、江阴、盐城、泰兴、兴化、东台等七县协调防洪。12月，作东台之行，治王家港，泄积潦。由小海至海滩施工处，小海数百乡民执香夹道而立。

1922年夏，至吕四，视察新闸落成。10月，政府给张謇授勋。

1923年春，根据日记，自订年谱。依然参加各实业董事会。立秋，至海门，为溥善堂开会。

1924年春，在上海参加港务会议和中国银行、交通银行会议。

1925年3月12日，孙中山在北京逝世。3月底，在南通公共体育场，开会追悼孙中山先生。夏，海门西二区保坍会开会，不顾年迈，仍去天星镇会所与会。

1926年春，去通海垦牧公司巡视。初夏，通海官绅会勘县界，至老洪港。8月初，因病卧床不起。8月24日，逝世于南通濠南别墅，遗体安葬于南通城南郊，北枕城垣，南面长江。墓地系生前选定，并嘱不铭不志。